A NOVA
BATALHA

PE. REGINALDO MANZOTTI

AUTOR BEST-SELLER COM MAIS **DE 5,9 MILHÕES** DE EXEMPLARES VENDIDOS

A NOVA BATALHA

O NATURAL E O SOBRENATURAL
AS ARMAS DA FÉ NA PANDEMIA DO SÉCULO

petra

Copyright © 2021 by Pe. Reginaldo Manzotti

Direitos de edição da obra em língua portuguesa no Brasil adquiridos pela PETRA EDITORIAL LTDA. Todos os direitos reservados. Nenhuma parte desta obra pode ser apropriada e estocada em sistema de banco de dados ou processo similar, em qualquer forma ou meio, seja eletrônico, de fotocópia, gravação etc., sem a permissão do detentor do copirraite.

PETRA EDITORA
Rua Candelária, 60 — 7.º andar — Centro — 20091-020
Rio de Janeiro — RJ — Brasil
Tel.: (21) 3882-8200

Dados Internacionais de Catalogação na Publicação (CIP)
(Câmara Brasileira do Livro, SP, Brasil)

Manzotti, Reginaldo, 1969-
　　A nova batalha: o natural e o sobrenatural: as armas da fé na pandemia do século / Reginaldo Manzotti. – 1. ed. – Rio de Janeiro: Petra, 2021.
　　176 p.

ISBN 978-65-88444-00-9

　　1. Coronavírus na literatura. 2. Escritores católicos. 3. Fé (Cristianismo). 4. Igreja Católica. 5. Pandemias. 6. Vida cristã. I. Título.

21-58181　　　　　　　　　　　　　　　　CDD-269.2

Índices para catálogo sistemático:
1. Avivamento e renovação: Cristianismo　269.2
Maria Alice Ferreira – Bibliotecária – CRB-8/7964

SUMÁRIO

Agradecimentos 7

Introdução 9

Capítulo 1
Eis que a Nova Batalha se anuncia 17

Capítulo 2
Corrigir, sim; castigar, não 33

Capítulo 3
Como potencializar a fé 45

Capítulo 4
As armas de Deus para enfrentarmos a Nova Batalha 61

Capítulo 5
Para a proteção do casamento 85

Capítulo 6
A educação dos filhos em tempos de isolamento 97

Capítulo 7
Como lidar com o grave problema da crise financeira 107

Capítulo 8
Como perseverar diante das perdas sofridas 119

Capítulo 9
Enfrentando os males físicos e psicológicos causados
pela pandemia 131

Capítulo 10
O dia depois de amanhã... 153

Conclusão 165

Referências bibliográficas... 173

AGRADECIMENTOS

Agradeço primeiramente a Deus, por ter me mantido com saúde e forças para chegar até aqui.

Agradeço, também, a todas as pessoas que, de uma forma ou de outra, têm ajudado a tornar as consequências da pandemia do novo coronavírus mais amenas — pessoas que, com empatia e calor humano, na linha de frente, na retaguarda, na prestação de serviços, no voluntariado, nas mais diversas áreas e funções, estão fazendo a diferença na vida de muitos, aliviando o peso e o sofrimento nesta grave crise de saúde pública.

Filhos e filhas, sem distinção, recebam a minha bênção sacerdotal!

INTRODUÇÃO

Sim, estamos todos travando uma nova batalha e correndo contra o tempo. Desta vez, nosso terrível inimigo é um ser invisível a olho nu: um vírus de alguns nanômetros de diâmetro que parou o mundo e tem ceifado muitas vidas.

Parecia algo simples, mas não foi bem assim. Pela sua capacidade de pairar no ar, atingindo uma distância de até dois metros, além de sobreviver por horas sobre superfícies diversas, ele demonstrou ter alta transmissibilidade e encontrou muitos hospedeiros. E o mais trágico: aproveitando-se daquilo que temos de mais humano, o contato físico, acabou por nos privar da nossa liberdade de ir e vir, de receber um simples abraço ou um aperto de mão.

Após infectado, o organismo humano desenvolve a doença chamada Covid-19, sobre a qual comento um pouco mais no primeiro capítulo. Menosprezado por alguns, assintomático em outros, letal para muitos, perigoso para todos, desde que o vírus SARS-CoV2, o novo coronavírus, alcançou o patamar de pandemia e chegou ao nosso país, ele tem provocado uma montanha-russa de fatos e emoções: isolamento social, medidas sanitárias, restrições severas ao comércio, quarentena, toque de recolher, decretos em caráter de urgência, troca de ministros da saúde, descaso, negação, *fake news* (ou notícias falsas), polarização, hospitais de campanha, respiradouros, falta de leitos de UTI, superfaturamento em compra de equipamentos, alto número de mortes e, para piorar, até mesmo a crueldade da falta de oxigênio em hospitais.

Sem precisar me estender mais, o fato é que a pandemia do novo coronavírus afetou direta ou indiretamente a vida dos seres humanos em todo o planeta. Trata-se de uma batalha que deixará marcas profundas em todos nós.

É interessante observar que alguns dos setores mais atingidos das nossas vidas foram abordados nos meus livros *Batalha espiritual* e *Combate espiritual: no dia a dia*. Por isso, para esta nova obra, oportunamente resgatei esses temas, dando-lhes um enfoque atual. Resgatar alguns desses temas não quer dizer que os escritos anteriores estejam ultrapassados e não tenham mais validade. De modo algum! Trata-se apenas de levar em consideração aquilo que estamos vivendo hoje.

Por se tratar de um contexto extremamente dinâmico, à medida que escrevia cada capítulo o cenário da pandemia foi se modificando. Assim e felizmente, tão logo concluí minhas explanações, a tão esperada vacina foi aprovada. Não posso deixar de comemorar o fato de que, enquanto redigia esta breve introdução, pela graça de Deus e para o alívio dos brasileiros, começava a vacinação em algumas capitais do país.

Ainda assim, decidi não mudar nem uma vírgula do que já estava pronto: afinal, a vacinação, medida de extrema importância, não implica o fim da batalha. Não ficará tudo resolvido ao sermos vacinados. A luta não acabou. Continuaremos por um longo tempo seguindo restrições até que essa pandemia esteja controlada. Temos de manter todos os cuidados pensando em nós e nos outros. O êxito total depende em grande parte do comportamento social; sem a conscientização de cada um, nenhuma vacina trará a vitória.

A exortação do apóstolo Paulo aos Filipenses é muito propícia para nós neste tempo de pandemia e para o que virá: "Por estarem unidos com Cristo, vocês são fortes, o amor dele os anima, e vocês participam do Espírito de Deus. E também são bondosos e misericordiosos uns com os outros. Então, peço que me deem a grande satisfação de viverem em harmonia, tendo um mesmo amor e sendo unidos de alma e mente" (Fl 2, 1-2).

Unidos com Cristo, somos mais fortes; solidários, somos mais irmãos. A pandemia deixou evidente a nossa responsabilidade no cuidado de nós mesmos e de todos os que nos cercam.

Acima de tudo, com esta nova obra, meu mais profundo anseio está em dar minha contribuição para este momento ímpar da nossa história, com uma mensagem de esperança de que dias melhores virão, bem como de fé e de confiança em um Deus que está sempre ao nosso lado.

Creio sinceramente na possibilidade de ressignificar todo sofrimento e despertar para as mudanças necessárias, de modo a que não voltemos ao "velho normal", mas redefinamos nossa rota e transformemos o mundo em um lugar melhor.

Lembro que toda batalha conta com soldados que combatem diretamente à frente do perigo. Esses são os heróis anônimos a quem agora aproveito para homenagear e agradecer, como os profissionais de saúde e de serviços essenciais. Essas são pessoas que abdicaram, muitas vezes, do convívio com a própria família para prestarem atendimento aos infectados.

Como padre e cidadão, também me solidarizo com todas as famílias que perderam entes queridos. A Igreja também perdeu muitos sacerdotes e bispos, mas não perdemos a esperança na vida eterna e no poder salvador d'Aquele que venceu a morte:

> Senhor Jesus das Santas Chagas, Salvador do mundo,
> Nós Vos louvamos e agradecemos por serdes um Deus de amor,
> Um Deus que disse: "Não temas, estou contigo!"
> Ficai conosco, Senhor, em nossas tribulações,
> Afastai de nós o mal que quer nos atingir no corpo e na alma.
> Defendei-nos desse inimigo viral que ameaça nossa existência.
> Amenizai, Senhor, os efeitos desta pandemia.
> Iluminai com Vosso Espírito Santo as ações de nossos governantes,
> Restaurai a saúde dos enfermos,
> Consolai os que sofrem com as perdas.
> Protegei, Senhor, os profissionais da área da saúde e todos os que cuidam dos doentes.
> Ajudai-nos a vencer o desemprego e a superar a crise financeira.
> Renovai, Senhor, em nós a esperança.

Dai-nos a graça de atravessar esse período com serenidade e com responsabilidade nos cuidados de nós mesmos e dos demais, para que, unidos a Vós, possamos alcançar a vitória e cantar louvores ao Vosso Santo Nome.
Amém.

CAPÍTULO 1

EIS QUE A NOVA BATALHA SE ANUNCIA

O ano de 2020 mal havia começado, e a vida transcorria normalmente. Muitos projetos, objetivos e metas eram delineados, até que ela chegou. A famigerada pandemia. Uma palavra até então pouco presente em nosso vocabulário. Já tivemos episódios semelhantes no passado, com surtos graves de gripe e tuberculose; mas, como ocorre com tudo aquilo que está sujeito ao passar do tempo, acabamos por nos esquecer desse inimigo à espreita.

Pandemia é uma palavra que deriva do grego *pandemías*, formada pela junção dos elementos *pan* (todo, tudo) e *demos* (povo), significando, portanto, "todo o povo". De fato, a pandemia provocada pelo novo coronavírus, a pandemia da Covid-19, nome dado à doença causada pelo vírus SARS-CoV2, identificado pela primeira vez em Wuhan, na China, tem se mostrado uma epidemia de grandes proporções, que se espalha por vários países e atinge toda a humanidade. No princípio, ouviam-se apenas rumores de que, em uma cidade do outro lado do mundo, um vírus até então desconhecido estava infectando as pessoas, mas não se tratava de nada além dos sintomas de uma gripe, a qual poderia agravar-se entre pessoas idosas.

Já vimos em livros anteriores, como *Batalha espiritual* e *Combate espiritual: no dia a dia* — aos quais vamos recorrer ao longo desta obra para compreendermos a melhor forma de lidar com este novo mal que nos assola —, que o Inimigo contra o qual lutamos é astuto e que não podemos menosprezá-lo. Se todas as autoridades mundiais perdidas em meio à sua sede de poder e vaidade se atentassem para quanto esse Inimigo oculto é capaz de semear erros e desgraças na trajetória da humanidade desde que o primeiro pecado foi cometido, as circunstâncias seriam outras. "Quem continua pecando pertence ao Diabo porque o Diabo peca desde a criação do mundo. E o Filho de Deus veio para isto: para destruir o que o Diabo tem feito" (1 Jo 3, 8).

De fato, como vimos em meu livro *Batalha espiritual*, ceder à tentação inspirada pelo Maligno é a origem de todo pecado que entrou no mundo, e por que seria diferente com a pandemia do novo coronavírus? A quem ela serve? E de quais armas dispomos para enfrentar o Demônio desde que ele adquiriu certo poder sobre a humanidade?

Como vimos, temos de manter uma postura atenta e vigilante o tempo inteiro, e isso é obviamente um cuidado que vale para todos, cidadãos e autoridades, em nível global, porque os tentáculos do Maligno são uma terrível realidade que está em toda parte deste mundo. Sua intenção é invariavelmente nos destruir — nós, filhos amados de Deus.

Então, mais uma vez, sem estarmos preparados, vemo-nos diante de uma realidade inimaginável. Quarentena, distanciamento social, igrejas fechadas... Como lidar com tudo isso?

De repente, nada de reuniões familiares e de trabalho, viagens, abraços, o aconchego da convivência familiar e com amigos; essas são algumas das principais e duras medidas sanitárias para tentar combater o contágio pelo novo coronavírus. Por outro lado, o tal "distanciamento social", de forma contraditória, nos levou a nos aproximar e socializar como nunca — não presencialmente, mas pela internet. O uso do celular, por exemplo, que antes mantinha separadas as pessoas dentro de uma mesma casa, passou a ser utilizado para reunir entes isolados.

Novos costumes, educação a distância, reuniões e trabalho remotos, o chamado *home office*, que parece ter vindo para ficar, são faces desse "novo normal". Incluo também nesse pacote os aniversários on-line, as *lives* solidárias, informativas e de entretenimento, sem esquecer das Missas acompanhadas remotamente, que, embora não substituam as Missas presenciais e seus efeitos salvíficos, acabaram sendo, para muitos, a única forma de piedade litúrgica durante esse momento.

No caso da vida espiritual, com as igrejas fechadas, cada sacerdote se adaptou como pôde para não deixar seus paroquianos sem as celebrações. Assim, cada lar transformou-se em uma pequena igreja doméstica. Fico pensando em como o Maligno se revirou ao constatar que a tecnologia, sem dúvida, acabou sendo acrescentada ao rol de armas de que dispomos para lutar contra ele. Ao longo desta obra, rememoraremos quais são as principais delas e aquelas que não podemos negligenciar para continuarmos lutando contra o mal na nossa vida.

De pronto, cito Santa Catarina de Bolonha (1413–1463), santa italiana que, em seu tratado autobiográfico, nos apresenta sete armas espirituais, a saber: (1) ter cuidado e preocupação de trabalhar sempre para o bem; (2) crer que, sozinhos, nunca poderemos fazer nada de verdadeiramente bom; (3) confiar em Deus e, por Seu amor, não temer nunca a batalha contra o mal, seja no mundo exterior, seja dentro de nós mesmos; (4) meditar com frequência nos acontecimentos e palavras da vida de Jesus, sobretudo Sua Paixão e Morte; (5) lembrar que deveremos morrer; (6) ter fixada na mente a memória dos bens do Paraíso; e (7) criar familiaridade com a Sagrada Escritura, levando-a sempre no coração para que oriente todos os pensamentos e todas as ações.

Essas armas espirituais, apesar de terem sido articuladas na Idade Média, são atuais para qualquer tempo, em todo tipo de situação, principalmente nas circunstâncias em que nos encontramos. Aliadas a ela, temos ferramentas que nos possibilitam estar em vantagem nessa batalha da pandemia e em muitas outras. Sem dúvida, a tecnologia comprova que está a nosso favor, e devemos cada vez mais explorá-la para o bem, como instrumento para o benefício comum.

Confesso que nunca, nos meus 25 anos de sacerdócio, nem sequer por um momento imaginei vivenciar uma realidade como esta: celebrar a Santa Missa sem assembleia de fiéis, oferecer a Comunhão Eucarística no sistema *drive-thru*. Até uma Missa para pessoas estacionadas e confinadas dentro de seus automóveis eu celebrei. Creio que quem a viu jamais se esquecerá da imagem impactante do Papa Francisco caminhando sozinho, em uma Praça de São Pedro completamente vazia, para dar a bênção *urbi et orbi* — à cidade de Roma e ao mundo — em 27 de março de 2020.

Vivemos, portanto, momentos marcantes. Uma das imagens que mais chocaram o mundo foi a dos cemitérios com centenas de valas abertas para receber vítimas fatais da Covid-19. Muitos compararam esse triste quadro a cenas dos piores filmes de terror.

Nem assim, porém, o Maligno se deu por vencido e abandonou seu trabalho. Não bastasse o excesso de informações vindas de todo lado e com inevitável dificuldade de processamento, veio a enxurrada de conteúdos falsos e duvidosos, as chamadas *fake news*. Medicamentos citados como verdadeiras panaceias foram caindo por terra um a um, à medida que a comunidade científica batia o martelo quanto aos tratamentos verdadeiramente eficazes, em especial nos casos mais graves da doença. Isso sem contar todo tipo de controvérsia envolvendo o número de mortos; no auge desse processo, até o conteúdo dos caixões enterrados foi colocado em xeque.

Fomos também bombardeados com orientações diversas, vindas de todos os lados, e, a cada uma delas, os fatos pareciam mais confusos, aumentando as dúvidas e incertezas: afinal, quando vamos voltar à plena atividade? Essa restauração do mundo tal como era antes implica necessariamente contrair a doença? E como ficará a questão econômica? O que será dos trabalhadores que estão sendo dispensados? Vamos conseguir nos refazer? Passará logo?

Não desanimemos; antes, lembremo-nos do que afirmou o apóstolo João: "Ao nos dirigirmos a Deus, podemos ter esta confiança: quando pedimos alguma coisa conforme o seu projeto, Ele nos ouve. E, se sabemos que Ele nos ouve em tudo o que lhe pedimos, estamos certos de que já obtivemos o que lhe havíamos pedido" (1 Jo 5, 14-15).

Quando tudo começou, imaginávamos que seria assim por um curto período. Lembro-me de que, para dar força, ânimo e esperança a todos os que estavam em quarentena, assustados, temerosos e inseguros, decidimos fazer quarenta dias de oração, pedindo o fim da pandemia e a proteção do Senhor Jesus das Santas Chagas. Essa campanha impulsionada por uma *hashtag* (#EvangelizarEmCasa) foi totalmente on-line e seguiu com grande adesão.

Pois bem; ali, pensávamos que o período de uma quarentena seria suficiente para tudo voltar ao normal. No entanto, passaram-se os dias, o ciclo de oração terminou e chegou o mês de maio, quando fizemos, com a mesma proposta, a campanha "Um mês com Nossa Senhora", seguida de "Um mês sob a proteção do Sagrado Coração".

Assim, o que era para ser um período relativamente curto acabou arrastando-se por meses, e chegamos ao final do ano sem uma resposta definitiva sobre a extinção da pandemia. As vacinas se apresentam como uma luz no fim do túnel, e rezamos pela concretização desses imunizantes desenvolvidos em várias partes do mundo, para que sejam eficazes e acessíveis a todos.

Contudo, não podemos nos iludir: isso demanda tempo, e, como sabemos, o tempo do mundo não é o tempo de Deus. Isso não quer dizer que a redenção não virá, mas precisamos nos fortalecer na fé, uma vez que a fé é uma posse antecipada daquilo que se espera.

Não se trata de acreditar simplesmente: a fé é um ato de confiança, de entrega total e absoluta; é ter a certeza sem contar com a comprovação como contrapartida. Como nos ensina a Carta aos Hebreus: "A fé é a certeza de que vamos receber as coisas que esperamos e a prova de que existem coisas que não podemos ver" (Hb 11, 1). A fé deve gerar em nós o compromisso com Deus, o próximo e a natureza. Exercitar a fé em tempos de pandemia é confiar no Senhor, assim como cuidar de nós mesmos e dos outros.

Se tudo o que passamos e estamos passando serviu de alerta, só o tempo dirá. No entanto, certamente faz com que nos conscientizemos cada vez mais da nossa fragilidade. Tantos avanços e conquistas deram à humanidade uma confiança exorbitante, que não raro evolui para uma postura de arrogância, chegando a um grau em que muitos acreditavam não precisar mais de ninguém, inclusive de Deus. Com grandes feitos alcançados e iludidos pelo Maligno, os seres humanos cultivaram a pretensão da onipotência, quando de repente um ser microscópico nos dá uma rasteira. O novo coronavírus está mostrando aos olhos perplexos do mundo que não somos os "tais" que pensávamos ser até então. Pelo contrário: somos frágeis e mortais, sim, e diariamente os números de óbitos divulgados comprovam essa condição.

O Inimigo nos seduz tocando no ponto fraco da nossa soberba: nossas vaidades, a sede de poder, de ter e de ser mais. E, diante de algo inesperado, sobre o qual não temos nenhum controle, percebemos que tudo isso não passa de ilusão.

Potências mundiais, com os mais sofisticados armamentos bélicos, tecnologia de ponta, não conseguiram proteger sua população. Do dia para a noite, viram-se tão vulneráveis quanto os países menos desenvolvidos e pobres, mostrando-nos, como bem disse o Papa Francisco, que "estamos todos no mesmo barco".

A pandemia deixou evidente o que já sabíamos, mas essa realidade vem sendo confirmada diante de nossos olhos de uma forma cruel e triste, que deriva em grande parte da desigualdade social predominante em nosso país. Sem dúvida, o vírus não escolhe suas vítimas pela aparência ou pelo status social, pois atinge ricos e pobres, tendo mesmo começado pelas classes mais abastadas. Contudo, à medida que passou a se espraiar pela sociedade brasileira, acabou atingindo pessoas humildes e moradores de regiões periféricas, as quais não podem se dar ao luxo de simplesmente parar. A lei da sobrevivência impõe que continuem trabalhando, enfrentando conduções lotadas, um prato cheio para a disseminação da peste.

Enquanto para alguns a maior preocupação era como se entreter durante o período de quarentena, para outros, a grande maioria da população, a necessidade de lidar diariamente com esse inimigo à espreita trouxe para dentro de casa um dos principais tentáculos com os quais o Maligno manipula nossas vidas: o medo.

Pelas partilhas recebidas em meu programa de rádio, muitas pessoas relataram estar vivenciando o medo real de não poder parar, de ter de sair e ser infectado, assim como o medo do desemprego e, sobretudo, de perder um ente querido. Entre as passagens que iremos revisitar dos meus livros *Batalha espiritual* e *Combate espiritual: no dia a dia*, entenderemos por que o medo é uma das forças destruidoras do Inimigo e como podemos lutar contra ela, revestidos com a armadura de Deus e cheios do Espírito Santo. A esse propósito, desde já, recomendo que seja feita esta breve oração:

**Senhor Jesus das Santas Chagas, me
preserve de ser contaminado, e, se o
for, que eu seja curado!
Amém.**

O vírus, que uma parcela da comunidade científica atesta ser um micro-organismo muito simples, nem sequer comparável a um ser vivo, também não tem consciência, muito menos ética ou moral, e certamente está entre nós apenas para cumprir sua função de invadir e infectar o maior número de hospedeiros possível. Por outro lado, os estragos que vem provocando têm impacto direto sobre a humanidade e o mundo em que vivemos, e, nesse sentido, cabe a nós refletirmos sobre quanto isso nos aproxima do precipício ao qual o Maligno trabalha diuturnamente para nos lançar. Se vamos ou não aprender algo com o sofrimento causado pela pandemia é, portanto, um desdobramento do mais absoluto interesse de todos nós. Eu espero e gostaria que aprendêssemos muito.

Isso pode parecer prosaico demais, porém, quando admitimos que precisamos uns dos outros para ficarmos bem — e é um grande gesto de solidariedade agir de acordo com a consciência de que as nossas ações podem impactar a saúde de outras pessoas —, estamos, sim, lutando contra as garras do Inimigo. Ao contrário, quando adotamos o caminho do negacionismo, achando que tudo não passa de invenção; quando pouco nos importamos com nós mesmos e com os outros, estamos agindo conforme os planos de Satanás.

A vida é uma dádiva de Deus, um dom precioso. Ao nos expormos — e também os outros — a situações de perigo, estamos cometendo um atentado contra esse dom, um pecado que fere o quinto mandamento da Lei de Deus. Como ensina o Livro dos Provérbios: "O esperto vê o perigo e se esconde; o ingênuo avança e se sai mal" (Pr 22, 3).

Da mesma forma, estão agindo pela Cartilha do Maligno aqueles que tentam obter vantagem superfaturando equipamentos e aumentando preços sem necessidade. Felizmente, sou testemunha da solidariedade de muitas pessoas que ajudaram e continuam ajudando como podem e com aquilo de que dispõem. Isso é uma forma de combater o bom combate e dar ao sofrimento outro significado.

Como isso é possível em meio a tamanho caos?

Olhemos o mesmo problema pelo lado oposto. A pandemia é um fato irreversível, certamente; e, segundo os especialistas, outras ainda estão por vir. Mas, em vez de alimentarmos essa lástima no dia a dia, por que não pensar em quanto somos privilegiados por fazermos parte de uma geração que tem a grande oportunidade, talvez a maior delas, de experimentar como é amar a Deus sobre todas as coisas e ao próximo como a si mesmo? Isso é uma chibatada no individualismo e no egoísmo que Satanás trabalha para exacerbar na espécie humana.

Vivíamos em um frenesi, correndo desesperados atrás de tudo e de todos, e, de repente, o mundo se vê obrigado a parar, dando-nos um tempo precioso para repensar aquilo que é essencial. Veja quão maravilhosa é a possibilidade de fazer essa autoavaliação de comportamentos e valores e, principalmente, de reafirmar a nossa fé! Ressignificar o sofrimento, portanto, nada mais é do que tomar ciência de nossas fragilidades e de que nada somos sem Deus, de que precisamos d'Ele e da presença de Jesus.

Quando nos encontramos diante de situações de impotência, como nesta pandemia, em que lutamos contra um inimigo que não conhecemos ou pouco conhecemos, nossa mente se torna um terreno fértil para as artimanhas do outro Inimigo, aquele que está no mundo desde a Queda. Neste cenário de profunda insegurança e de incertezas, mais do que nunca a fé se mostra primordial. Ela é o combustível para a esperança e o amor ao próximo, assim como para mantermos o pensamento positivo e não nos desesperarmos, agindo com serenidade e paciência a fim de cumprir responsavelmente as orientações sobre a prevenção.

Faço questão de enfatizar a importância da ciência e da fé: a primeira, por nos permitir dispor dos aparatos necessários para salvar inúmeras vidas; e a segunda, por ser a força capaz de mudar a nossa realidade. Posso garantir que nos momentos de angústia e tribulações a fé é a maior força de que dispomos, pois nos liga a Deus, nosso Pai Misericordioso. Sua presença nos consolará nas perdas e saberemos tirar coisas boas mesmo de algo mau. Se acreditamos e confiamos em Deus, as crises e dificuldades nos afetarão, mas não nos destruirão. "O Senhor Deus é bom. Em tempos difíceis, ele salva o seu povo e cuida dos que procuram a sua proteção" (Na 1, 7).

Duvido de que, nesta pandemia, alguém, mesmo os que se dizem descrentes, não tenha elevado o pensamento ao Criador de todas as coisas em busca de respostas e de refúgio. Pois, como diz o salmista: "Em tempos difíceis, Ele me esconderá no seu abrigo. Ele me guardará no seu Templo e me colocará em segurança no alto de uma rocha" (Sl 27, 5).

Não se trata de conversa de padre, acredite! É, de fato, a história que nos mostra: sempre depois das maiores catástrofes, grandes transformações acontecem.

No caso do mundo pós-pandemia, revisitaremos juntos as obras *Batalha espiritual* e *Combate espiritual: no dia a dia* justamente para termos muito claro quais as lições podemos tirar deste momento. Não somos autossuficientes como o Maligno quer nos fazer acreditar; precisamos uns dos outros e, sobretudo, de Deus para mudarmos nossa maneira de ser e de viver em sociedade. Precisamos parar de "consumir" nosso planeta, nossa casa comum, pois é isso o que o Inimigo quer também.

Aquilo pelo qual a humanidade passou e está passando só terá sentido se nos transformarmos em novas criaturas. Esta é a Nova Batalha que se apresenta, em que devemos tentar reconstruir o mundo a partir do que Deus pensou para nós — e Ele determinou que tudo há de ser bom!

Para rezar
Salmo 3

R.: Vós sois, Senhor, meu escudo protetor!
Quão numerosos, ó Senhor, os que me atacam;
quanta gente se levanta contra mim!
Muitos dizem, comentando a meu respeito:
"Ele não acha a salvação junto de Deus!"

Mas sois Vós o meu escudo protetor,
a minha glória que levanta minha cabeça!
Quando eu chamei em alta voz pelo Senhor,
do Monte santo ele me ouviu e respondeu.

Levantai-Vos, ó Senhor, vinde salvar-me!
Vós que feristes em seu rosto os que me atacam,
e quebrastes aos malvados os seus dentes.
Em Vós, Senhor, nós encontramos salvação;
e repouse a Vossa bênção sobre o povo!

Oração

Senhor Jesus das Santas Chagas,
Eu me coloco diante de Vós e Vos peço:
Vinde em auxílio do Vosso povo, Senhor!
Vinde com o Vosso poder
E defendei-nos da maldade dos inimigos que nos
  rondam buscando nos derrubar.

Dai-nos saúde no corpo e na alma.
Protegei-nos da violência, das epidemias, das pandemias e demais flagelos.
Senhor, purificai a nossa vida,
Livrai-nos do rancor, da inveja e do desânimo.
Concedei-nos horror ao pecado e afastai de nós tudo o que nos afasta de Vós.
Senhor, se pela desobediência aos Vossos ensinamentos algum mal se abater sobre nós,
Permiti-nos refugiar em Vossas Santas Chagas Dolorosas e Gloriosas
E só em Vós viver.
Se estamos convosco, não existe mal que nos possa derrotar.
Amém.

CAPÍTULO 2

CORRIGIR, SIM; CASTIGAR, NÃO

Desde o início da pandemia da Covid-19, era essa a pergunta que sempre surgia na maioria das entrevistas para as quais eu era convidado: "Padre, o senhor acha que foi Deus quem enviou a pandemia? É castigo de Deus?"

Não!

Deus não pode mandar nada de mal, pois é o Sumo Bem.

O que Deus pode é permitir que alguma coisa ruim aconteça — não como castigo, mas para nos corrigir, pois, como repito sempre, quem ama corrige. Também como já mencionei em outras ocasiões, isso é muito bem explicado na Carta aos Hebreus. O mais importante é que, na certeza da Presença de Deus, possamos e devamos tirar algo bom de todo o sofrimento, pois só assim ele terá significado.

Sei muito bem que, em circunstâncias assim, é normal que se recorra ao Livro de Jó; no entanto, é mesmo inevitável fazê-lo, pois se trata de uma obra-prima dos livros sapienciais e de um belo retrato de como Satanás trabalha.

A história desse homem de coragem nos ensina que as tribulações e sofrimentos que nos acometem não constituem um castigo de Deus por algo errado que tenhamos feito. Jó foi um homem muito rico que viveu em uma terra chamada Uz. Tinha vários empregados, possuía um grande patrimônio, ovelhas, bois, e desfrutava de boa posição social. Era íntegro, reto e temente a Deus. A narrativa do Antigo Testamento cita que procurava se afastar do mal.

Jó era casado, tinha sete filhos e três filhas. Provavelmente aquela era uma família muito unida: todos se visitavam e confraternizavam em banquetes. Quando isso ocorria, receoso de que pudessem ter cometido pecados e ofendido a Deus em pensamento, Jó se levantava de madrugada para rezar e oferecer sacrifícios em nome de seus filhos, a fim de purificá-los.

Certo dia, aconteceu uma reunião celestial, e os servidores de Deus vieram se apresentar perante Ele. Também estava ali Satanás. Este, ao ser questionado pelo Senhor por onde andava, respondeu: "Estive dando uma volta pela terra, passeando por aqui e por ali."

Então, surge nessa conversa o nome de Jó, cuja fidelidade e retidão Deus mesmo atesta.

Satanás, que é o acusador, se apressa em dizer que a fidelidade e o amor de Jó a Deus se deviam às bênçãos e à proteção que o Senhor a ele concedera. Ou seja, Satanás acusa Jó de ser uma pessoa interesseira e calculista, cuja relação com Deus seria uma espécie de "toma lá, dá cá".

Então, ele lança o desafio de testar Jó, alegando que se este perdesse os bens que possuía, certamente blasfemaria contra seu Senhor. Deus permite que Satanás leve isso adiante, mas determina que a vida de Jó seja preservada.

Satanás se retirou da presença de Deus e começou a executar com sua mão a tal obra nefasta. Jó foi roubado — seus bois, jumentos e camelos foram levados, enquanto as ovelhas e seus pastores acabaram mortos no campo por raios vindos do céu. Seus empregados, por sua vez, perderam a vida a fio de espada. Para piorar, um vento forte derrubou sobre seus filhos a casa em que estavam reunidos em um banquete. Todos morreram.

Jó, no entanto, frustrou os planos de Satanás e, mesmo diante de tanto sofrimento, não murmurou contra Deus. Levantou-se e, em sinal de tristeza, rasgou suas vestes, raspou a cabeça, prostrou-se e venerou o Senhor. Foi quando pronunciou as célebres palavras: "Nasci nu, sem nada, e sem nada vou morrer. O Senhor deu, o Senhor tirou; louvado seja o nome do Senhor."

Não contente com a atitude de Jó, em outra oportunidade em que os servidores celestiais vieram se apresentar diante de Deus, novamente lá estava Satanás. Na conversa com o Criador, insiste em que a firmeza e a sinceridade de Jó só existiam porque este ainda desfrutava de saúde. Obtém, então, permissão para abalar a saúde de Jó, mas não para matá-lo.

Assim, o pobre Jó viu-se acometido por uma pavorosa doença, que cobriu de feridas seu corpo inteiro. Conta o texto que ele se sentou sobre cinzas. Como já citei em *Batalha Espiritual*, a cinza tinha o papel de purificação: era o lugar em que a doença não se proliferava. Jó se viu excluído, sofrendo, e sua mulher o aconselhou a apressar o fim, a amaldiçoar a Deus e morrer. Nesse momento de intensa aflição, aquele pobrezinho dá uma lição à esposa e a todos nós: "Se recebemos de Deus as coisas boas, por que não aceitaremos também as desgraças?" E ele não pecou nem pronunciou nenhuma palavra contra Deus.

Eis, então, que Jó foi visitado por três amigos, os quais, a princípio, não o reconheceram, tão lastimável era o estado em que se encontrava. Ao chegarem, os amigos choraram e se entristeceram por ele; depois, durante uma semana, ficaram calados em solidariedade ao sofrimento de Jó. Foi quando o próprio Jó quebrou o silêncio e começou a verbalizar o que sentia e pensava. Amaldiçoou não a Deus, mas seu próprio nascimento.

Os amigos, que antes se mostravam piedosos, começaram a dizer a Jó que alguma coisa ele havia feito, e por isso era o culpado de todo aquele sofrimento.

(Aqui abro parênteses para pedir que observemos as amizades. Amigos são aqueles que não nos julgam, mas são absolutamente sinceros, com caridade, por mais doloroso que isso possa ser. Por outro lado, a verdade sem caridade assume contornos de crueldade. Amigos sinceros são aqueles que não apontam o dedo, mas que estendem a mão. São aqueles que nas dificuldades não se afastam, ligam em tempos de crise, enviam mensagens, procuram saber como estamos, se precisamos de algo, demonstram interesse e solidariedade, mesmo que remotamente. É fácil ser amigo quando tudo é alegria, mas a verdadeira amizade é provada na hora da dor e do sofrimento.)

A discussão entre Jó e seus amigos segue até que o Senhor, do meio da tempestade, fala com ele. Em vez de responder a suas indagações, Deus é quem lhe dirige várias perguntas eloquentes, e a sabedoria divina leva Jó a pensar na onipotência do Senhor. Envergonhado por tudo o que dissera, Jó reconhece sua ignorância e pequenez, humilha-se e dá glória a Deus.

Deus também se volta contra os amigos de Jó e os repreende pelas insanidades que haviam proferido durante a discussão, ordenando-lhes que ofereçam sacrifícios. Diz também que, para não serem castigados como merecem, devem pedir a Jó para elevar orações em favor deles.

Pela retidão e pela confiança que Jó teve no Senhor, Deus repara suas perdas dando-lhe o dobro das posses que tinha; também restabelece sua condição social e o abençoa com o mesmo número de filhos que havia perdido. Restaurado, Jó levou uma vida plena e longa. Viveu até 140 anos e pôde conhecer netos e bisnetos.

A pedagogia de Deus não falha

À luz da saga de Jó, entendemos que entregar-se a Deus não significa que conseguiremos tudo à nossa maneira, mas que podemos e devemos confortar o coração nos momentos de provação intensa. Para reforçar e entender essa pedagogia de Deus segundo a qual as dores fazem parte da própria educação, rememoro este trecho inspirador do livro *Batalha espiritual*:

> A lição de Jó é aquela que a Igreja ensina: o sofrimento não é consequência de uma culpa precedente e nem pretende evitar qualquer culpa futura. Jó compreende que o mais importante não é entender o porquê do sofrimento. Ele reconhece que a ciência, o poder e os desígnios de Deus são muito maiores, que vão além de sua capacidade de compreensão.

Como vimos, os ensinamentos do Livro de Jó são numerosos! Entre eles, o de que devemos aprender a reconhecer, mas não a temer, as ações de Satanás. Estejamos atentos. Embora não possamos evitar seus ataques, podemos nos defender com as armas da fé, da esperança e da caridade.

Jesus também foi tentado pelo Diabo, segundo o qual se o Filho de Deus se ajoelhasse e o adorasse teria poder e glória, ou seja, um caminho sem dor, sem sofrimento, sem cruz. Jesus mandou que o Diabo se apartasse d'Ele e rechaçou o caminho que o tentador oferecia (cf. Lc 4, 1-13).

Porque permaneceu firme no caminho do Pai, em sua vida pública Jesus foi incompreendido, caluniado, chamado de beberrão, comilão, endemoniado, conivente com pecadores, liberal (pois se deixara tocar por uma prostituta)... Até tentaram jogá-Lo de um penhasco para matá-Lo!

É interessante ver o evangelista Lucas registrando que o Diabo deixou Jesus para voltar no tempo oportuno (Lc 4, 13). Houve novos momentos em que o Diabo regressou para atacar Cristo por meio de outras pessoas, e a intenção era sempre desviá-Lo de seus planos: "Deixa os pobres, una-se ao sinédrio [assembleia de notáveis]"; "Pare de andar com os publicanos [cobradores de impostos execrados pelos judeus]". Até quando Jesus estava na cruz o Diabo se fez presente ("desça daí se for mesmo o Messias!"). Todas essas passagens indicam formas de tentação direta e indireta.

Em nosso caso, muitas vezes nós desistimos antes da hora, e compreendo que a pressão que sentimos nos momentos difíceis pode ser grande, ainda mais nestes tempos em que estamos vivendo. Acabamos por perder a serenidade e a perseverança diante dos riscos à saúde que se agravam. Além disso, o desemprego está afetando milhares de trabalhadores — e não pensem que menciono isso da boca para fora, sem entender o que é a provação. Minha vida também não é um mar de rosas, acredite: recebo bordoada de todos os lados! Costumo dizer: "Você faz 99 coisas boas, mas basta faltar uma coisinha para anular todas as outras." Tem horas que dá mesmo vontade de dizer: "Meu Deus, preciso de uma trégua!" E vem a tentação de desistir de tantas iniciativas e projetos...

Mas é justamente nesses momentos difíceis que a fé e a oração se apresentam como o combustível para a esperança e a confiança no Pai. Tenho plena certeza de que, em Deus, somos todos vitoriosos, e quando não vencemos isso não se deve ao fato de o Senhor não nos ter dado a vitória, mas ao fato de havermos desistido antes da hora.

Permaneçamos obedientes, fiéis e confiantes n'Aquele que nos criou.

Para rezar
Salmo 62

R.: Sois Vós, Senhor, meu rochedo e salvação!
Só em Deus a minha alma tem repouso,
porque d'Ele é que me vem a salvação!
Só Ele é meu rochedo e salvação,
a fortaleza, onde encontro segurança!

Até quando atacareis um pobre homem,
todos juntos, procurando derrubá-lo,
como a parede que começa a inclinar-se,
ou um muro que está prestes a cair?

A minha glória e salvação estão em Deus;
o meu refúgio e rocha firme é o Senhor!
Povo todo, esperai sempre no Senhor,
e abri diante d'Ele o coração:
nosso Deus é um refúgio para nós!

Oração

Senhor, Deus Pai todo-poderoso,
Eu Vos agradeço por Vossa misericórdia para comigo,
E peço perdão pelas vezes que Vos ofendi.
Peço-Vos perdão pela minha arrogância e soberba.
Vós, que sois o puro amor,
Ajudai-me a nunca duvidar do Vosso poder e bondade.
Dai-me a graça de confiar sempre em Vós, mesmo não compreendendo Vossos desígnios.
Dai-me a coragem para enfrentar as tribulações e provações sem murmurar.
Dai-me a força para vencer as tentações do Inimigo.
Livrai-me, Senhor, dos laços da maldade, dos flagelos, da violência, dos roubos e das mentiras.

Dai-me a graça de, em Vosso Filho Jesus, repousar e acalmar minhas dores e inseguranças.

Creio, Senhor, nas Vossas promessas e tomo posse da vitória preparada para mim.

Amém.

CAPÍTULO 3

COMO POTENCIALIZAR A FÉ

Em tempos de dores, medos e incertezas, como esses que temos vivido desde a chegada do novo coronavírus, a fé torna-se ainda mais imprescindível para nos fortalecer e trazer paz de espírito.

A palavra "fé" vem do latim *fides*, da qual também se origina a expressão "fidelidade"; ou seja, trata-se de algo que exige uma atitude de confiança profunda, sem vacilos e sem brechas para a dúvida. "A fé é a certeza de que vamos receber as coisas que esperamos e a prova de que existem coisas que não podemos ver" (Hb 11, 1).

Esforço, ação e disciplina são exigências da fé. Não por acaso, portanto, um dos principais obstáculos que encontramos nesse caminho é a preguiça espiritual.

Essa letargia interior leva ao desânimo e à frieza. Nosso espírito se ocupa de futilidades, e deixamos de buscar as coisas do alto simplesmente pelo esforço que isso requer. De acordo com São Tomás de Aquino, "todos os pecados que provêm da ignorância podem ser reduzidos à acídia, a qual se refere à negligência pela qual alguém recusa adquirir os bens espirituais por causa do trabalho" (*Suma teológica*, I-II, q. 85, a. 4).

Trata-se de um pecado que fere, sim, nossa alma, pois deixamos de buscar aquilo que ela deseja. Todavia, também se volta contra Deus. O *Catecismo da Igreja Católica* nos ensina que podemos pecar contra o amor divino ao sermos indiferentes, negligenciando, recusando e menosprezando a iniciativa do Senhor em nos amar. A preguiça, também chamada de tibieza, leva à hesitação e mesmo à recusa em corresponder a esse amor (cf. *Catecismo da Igreja Católica*, 2094).

Combatemos essa preguiça justamente buscando a Deus, amando-O e entrando em comunhão com Ele. Como disse o Papa Francisco: "Também em nosso caminho de fé é importante saber e sentir que Deus nos ama e não ter medo de amá-Lo: a fé professa-se com a boca e com o coração, com a palavra e com o amor" (*Audiência geral*, 3 de abril de 2013).

A fé também pressupõe obediência, a qual implica um livre acolhimento e a aceitação da Palavra de Deus. "Obedecer *(ob-audire)* na fé é submeter-se livremente à palavra escutada, por a sua verdade ser garantida por Deus, que é a própria verdade. Desta obediência, o modelo que as Sagradas Escrituras nos propõem é Abraão. A sua realização mais perfeita é a da Virgem Maria" (*Catecismo da Igreja Católica*, 144).

Fé e atitude andam juntas

Se Jó é o homem da paciência, Abraão é o exemplo de fé. Realmente, não há como refletir sobre fé, obediência e fidelidade sem mencionar a história de Abraão (cf. Gn 12, 1–25, 8), conhecido como o "pai da fé" e também "amigo de Deus" (2 Cr 20, 7; Tg 2, 23).

Inicialmente, Abraão se chamava "Abrão", que significa "pai exaltado" ou "grande pai". Primeiro patriarca bíblico, era natural da cidade de Ur, dos caldeus, na Mesopotâmia antiga. Casado com Sarai, não tinha filhos, pois ela era estéril.

Após a morte do irmão, mudou-se com seu pai Terá e sua família para Harã, e ali habitou até que Deus o chamou, dizendo: "Sai da tua terra, da tua parentela e da casa de teu pai para a terra que te mostrarei. Eu farei de ti um grande povo, eu te abençoarei, engrandecerei teu nome; sê uma bênção! Abençoarei os que te abençoarem, amaldiçoarei os que te amaldiçoarem. Por ti serão benditos todos os clãs da terra."

Imagine só! Ele vivia tranquilo, tinha terras, ovelhas, escravos, e Deus faz essa "proposta", sem garantia antecipada das promessas de terra e descendência. Abrão, porém, acreditava no Deus único e onipresente. Assim, sem titubear e movido pela fé, com 75 anos, parte levando consigo sua esposa Sarai, seu sobrinho Ló, alguns servos e os bens que possuía. Vai como um nômade, rumo ao desconhecido.

Abrão se desinstala, não tem medo de sair da sua zona de conforto, de romper laços importantes, de fazer renúncias, acreditando unicamente na Palavra do Senhor. "O seu coração está completamente 'submetido à Palavra': ele simplesmente obedece. A escuta do coração que se decide em conformidade com Deus é essencial à oração; as palavras têm um valor relativo. Mas a oração de Abrão exprime-se, antes de mais, em atos: homem de silêncio, constrói, em cada etapa, um altar ao Senhor" (*Catecismo da Igreja Católica*, 2570).

Em sua caminhada, passou por momentos difíceis: por duas vezes, temendo ser atacado em razão da beleza de Sarai, mentiu que ela era sua irmã. Fez fortuna, a ponto de acumular uma grande quantidade de ovelhas, cabras e gado; com isso, teve de se separar de seu sobrinho Ló, pois não havia pastos em condições de abrigar os rebanhos de ambos.

Abrão já tinha escolhido um empregado, Eliézer, nascido em sua casa, para ser seu herdeiro. Contudo, novamente Deus apontou para outro caminho: garantiu que ele teria um filho com a esposa Sarai e que sua descendência seria tão numerosa quanto as estrelas do céu.

Deus então faz com Abrão a primeira aliança, pela terra. "Eu dou esta terra aos teus descendentes, desde a torrente do Egito até o grande rio Eufrates", diz o Senhor. Selam essa aliança usando o sacrifício dos animais — uma vaca, uma cabra e uma ovelha —, todas com três anos, além de uma rolinha e de um pombo.

Sarai, por sua vez, não quis esperar o tempo de Deus e, aflita por não poder dar um filho a Abrão, convenceu-o a garantir a descendência tomando sua serva Agar como concubina. Ele a escutou e Agar engravidou, passando a desdenhar de sua senhora.

Então, Sarai começou a tratá-la tão mal que Agar fugiu para o deserto, onde encontrou um anjo do Senhor que a convenceu a voltar e ser submissa à esposa de Abrão. O anjo disse ainda que o nome da criança seria Ismael, e este também teria uma grande descendência. Ismael nasceu quando Abrão tinha 86 anos.

Temos de ser resilientes perante os testes de fé do Senhor

Passou-se mais de uma década e Abrão já estava com 99 anos na ocasião em que o Senhor fez com ele a segunda aliança, pela descendência. Essa foi selada na carne, devendo a circuncisão servir como sinal. O Senhor mudou o nome de Abrão para Abraão, que significa "pai de uma multidão" ou "pai de muitos". Para simbolizar a grandeza do pacto entre ambos, o Senhor mudou também o nome de Sarai para Sara.

Naquele mesmo dia, Abraão fez como Deus havia mandado: circuncidou seu filho Ismael e todos os outros homens da sua casa.

Ainda hoje, a circuncisão é prática do judaísmo. Normalmente, a retirada do prepúcio é realizada por uma pessoa habilitada, no oitavo dia após o nascimento da criança de sexo masculino, durante uma celebração chamada Brit Milá.

Os anos se passaram, e nada de Sara gerar um filho. Certo dia, acompanhado por dois anjos, o Senhor fez uma visita a eles. Foram acolhidos com lugar para descansar, água e comida. Então, um dos anjos profetizou que no próximo ano voltaria e o filho de Abraão com Sara já teria nascido. Sara achou aquilo improvável e riu escondida; em razão da idade muito avançada, o tempo da fertilidade já havia passado, tanto para ela quanto para Abraão.

Depois dessa visita, os dois Anjos rumaram para investigar os crimes de Sodoma e Gomorra, mas o Senhor permaneceu com Abraão e o colocou a par das terríveis acusações que pesavam sobre as duas cidades. A grande maldade do povo e seus pecados já não podiam ser tolerados.

Não obstante, Sodoma era o local onde o sobrinho de Abraão se instalara com sua família. Então, o patriarca intercedeu pelo povo, perguntando se o Senhor poderia perdoá-los e não destruir a cidade, caso nela habitassem cinquenta homens justos. O Senhor respondeu que, se assim fosse, perdoaria a cidade inteira.

Abraão se mostrou ousado ao fazer o pedido e logo se deu conta do imbróglio, baixando o número de pessoas idôneas procuradas, até chegar a dez. O Senhor concordou com a proposta, mas, apesar de Sua infinita bondade e paciência, os pecados dos habitantes das cidades se tornaram demasiadamente grandes, sem haver arrependimento. Com isso, adveio o castigo da destruição. Em Sodoma não havia nem sequer dez homens justos! (O Senhor, no entanto, teve compaixão de Ló e salvou sua vida e a de suas filhas.)

De acordo com a promessa, Sara engravidou e o menino nasceu no tempo prometido, tendo recebido o nome de Isaac. Abraão já estava com cem anos quando o filho nasceu. Para se ter ideia, entre a promessa feita quando Abraão deixou a vida que levava e sua concretização, passaram-se 25 anos.

À luz de todos esses episódios e do longo tempo transcorrido, concluo que, muitas vezes, o que falta à nossa oração é a confiança necessária. A fé deve ser confiante, cheia de esperança, mas também paciente. É preciso saber esperar o tempo de Deus!

No caso de Abraão, somente a espera obediente e perseverante já seria a melhor definição de fé, mas a história não parou por aí. Algum tempo depois, Deus colocou-o à prova pedindo que sacrificasse o filho que tanto amava, Isaac.

Muitos podem pensar que Deus foi cruel ao fazer tão grande exigência, mas essa avaliação se mostra totalmente equivocada. Quando saímos da superfície dos fatos e mergulhamos no significado maior dessa passagem, deparamo-nos com a prefiguração do sacrifício do próprio Jesus, o Filho de Deus.

Não há dúvida de que Deus pediu a Abraão que sacrificasse o próprio filho: "Toma teu filho, teu único, que amas, Isaac, e vai à terra de Moriá, e lá o oferecerás em holocausto sobre uma montanha que eu te indicarei" (Gn 22, 2). No entanto, não está explícito que sacrificar Isaac significava matá-lo. Abraão entendeu dessa forma, porque era um costume que ele conhecia. Segundo o historiador das religiões Mircea Eliade (1907–1986), trata-se do sacrifício do primogênito, norma existente na cultura daquela época.

Abraão ainda estava no processo de conhecimento de Deus Javé e tinha em mente essa prática. Portanto, ele assim interpretou e foi fiel a Deus. Porém, o Senhor, que é o Deus da vida, interveio no último momento, não apenas salvando Isaac, como também amplificando o discernimento de Abraão.

Duplamente obediente e fiel, em um primeiro momento Abraão atendeu à ordem de oferecer Isaac e, depois, acatou a determinação do Anjo de não sacrificá-lo. Nesse sentido, por uma revelação divina, foi o primeiro a sacrificar um animal, um carneiro, que estava preso pelos chifres num arbusto, em lugar do primogênito.

Como explica Frei Carlos Mesters, Abraão estava "seguindo uma inspiração religiosa, obedecendo a um apelo de Deus que pedia o sacrifício do filho. No último momento, porém, o narrador faz saber que o Deus de Israel não quer esta morte (Gn 22, 12). Ele condena as matanças de crianças que ocorriam em Israel (2 Rs 16, 3.34)". Vale citar, ainda, a título de complemento em relação ao comportamento dos povos que precederam Abraão: "Pois tudo o que há de abominável e odioso aos olhos do Senhor, fizeram-no para os seus deuses, e até queimavam no fogo, para os seus deuses, os seus filhos e as suas filhas" (Dt 12, 31).

Outra corrente de interpretação indica que se tratou de um teste de fidelidade, uma confirmação da aliança com base na fé. Da parte de Deus não restava dúvida, porque Ele não se contradiz e é sempre fiel à Sua Palavra. Mas... e da parte de Abraão? Mesmo sofrendo um conflito interior, não fez perguntas nem oposições e, obediente, agiu como o Senhor havia ordenado.

Muito mais significativa que a atitude de Abraão de dispor-se a renunciar a seu filho foi a sua confiança na promessa do Senhor de que uma descendência tão numerosa quanto as estrelas seria gerada a partir de Isaac. Esse é o ponto-chave. Por isso, quando já havia construído o altar e se preparado para imolar o filho, sua fidelidade foi recompensada. O anjo do Senhor o impediu de fazê-lo e providenciou um carneiro para o sacrifício.

Segundo a Bíblia, Abraão morreu aos 175 anos. Ismael, o filho que teve com Agar, deu origem aos povos árabes. Já Isaac gerou Esaú e Jacó. Este último teve doze filhos, que formaram as doze tribos de Israel, confirmando a descendência prometida por Deus.

Sejamos ousados na fé

O que temos em comum com Abraão? Com certeza, o mesmo Deus: Aquele que assim é desde sempre e para sempre, o Deus do impossível, que pode mudar nossa vida se cremos e confiamos n'Ele.

Sabemos, ademais, que, por amor a cada um de nós, Deus entregou Seu único Filho, Seu Amado Filho, para nos salvar. Como pude já explicar, "a fé não é um simples conjunto de ideias e códigos morais, mas um encontro com a pessoa viva de Jesus. É um esforço de intimidade. A partir dessa experiência com o Ressuscitado, a fé nos compromete a realizar, a cada momento, o que Deus espera de nós".

Às vezes, as nossas orações são proferidas de forma quase automática, mas não são fervorosas. Quem começa uma oração pensando que "talvez" tenha êxito está errado; isso não é ter fé. Se cremos, devemos pensar: "Em Nome de Jesus, e se contribuir para minha salvação, eu sei que receberei a graça de que necessito."

A oração perseverante é indicativa de fé profunda, de firme esperança, de caridade viva para com Deus e com o próximo.

Meus amigos, a fé tem um potencial intrínseco tão grande que basta ser do tamanho de um grão de mostarda. Em outras palavras, basta que saibamos aproveitar o pouco da fé que temos. Afirmo, de modo insistente: saibamos aproveitar o pouco da fé que temos e sejamos ousados na confiança e na apropriação da graça e da bênção de Deus.

Ao rezarmos, comecemos sempre por um ato de fé:

Eu creio, Senhor,
Creio nas Tuas promessas,
Creio no Teu poder e, por isso, peço
(*mencionar a graça almejada*).
Pai, em nome de Jesus, dá-me esta graça
de que tanto necessito!
E, por fim, Senhor, já Te louvo e agradeço
a graça recebida,
Porque eu sei que fui ouvido.

A oração fervorosa é assim. É claro que não se deve encará-la apenas como uma fórmula, pois seria mais uma oração entre tantas. O xis da questão está na atitude: uma atitude de confiança e de apropriação da bênção.

Devemos pensar como Abraão: Deus provê, Deus proverá. Portanto, sejamos ousados — ousados naquilo que fazemos e na oração. Não é a linguagem rebuscada ou a gramática bem empregada que vai convencer Deus, e sim nossa postura de confiança ao nos jogarmos nos braços do Senhor.

Já vimos que a Igreja recebeu o poder de, em nome do Cristo, curar doentes e expulsar demônios (cf. Mc 16, 17-18). Isso inclui os demônios que estão a cada momento se manifestando. E quer demônio mais terrível do que a incredulidade? Esta pode estar muito bem acomodada dentro de cada um de nós. O mesmo vale para os demônios da conivência, da injustiça, da traição, do adultério, do pavor e da prostração diante de uma pandemia. Expulse-os!

Você pode pensar: "Mas eu não tenho forças." De fato, você não tem, mas o Senhor possui, e tudo o que pede é nossa fé.

Com uma fé sincera, em nome do Senhor Jesus é possível determinar: "Afasta-te de mim! Sai da minha vida!"

Os apóstolos, por si sós, não tinham poderes extraordinários, mas agiam com base nos sinais dados por Jesus. Tocaram nos doentes e eles foram curados. Confirmam-nos os Atos dos Apóstolos, em que Pedro afirma: "Não tenho nem ouro nem prata, mas o que tenho eu te dou: em nome de Jesus Cristo Nazareno, levanta-te e anda!" (At 3, 6). Eis a manifestação da fé.

Alguém poderia perguntar:

"Padre, isso não seria fanatismo?"

Não, isso é fé.

O Senhor é o médico dos médicos e tudo pode. Trata-se de ter fé e acreditar. Trata-se de se apropriar da graça, e insisto: isso é algo possível, real e está ao alcance de cada um de nós.

Então, eu proponho que reflitamos juntos: em nossa vida espiritual, as nossas orações têm sido feitas com fé ou são repetições estéreis em que muito se fala e em pouco se acredita?

Não duvide nunca. Confie sempre em Deus!

Se deixamos a dúvida se instalar, a fé vacila. E, se ela vacilar e não a colocarmos no rumo certo, reavivando-a, aos poucos perderemos o horizonte da vida. Da verdadeira vida.

Percebo que, desde o início da pandemia, vem ocorrendo uma busca maior das pessoas por Deus, uma aproximação com o sagrado. Muitos estão voltando por causa da dor; há uma correlação entre os sentimentos de medo, incerteza, perda, e a busca pela religião. Que seja esse o caminho, pois! Se estamos com Deus, encontramos a força para prosseguir.

Que Deus nos dê a graça e o discernimento de potencializarmos o pouco da fé que temos, pois para Ele este pouco é o bastante.

Para rezar
Salmo 18

R.: Eu Vos amo, ó Senhor! Sois minha força!
Eu Vos amo, ó Senhor! Sois minha força,
minha rocha, meu refúgio e Salvador!
Ó meu Deus, sois o rochedo que me abriga,
minha força e poderosa salvação,
sois meu escudo e proteção: em Vós espero!

Invocarei o meu Senhor: a ele a glória!
e dos meus perseguidores serei salvo!
Ondas da morte me envolveram totalmente,
e as torrentes da maldade me aterraram;
os laços do abismo me amarraram
e a própria morte me prendeu em suas redes.

Ao Senhor eu invoquei na minha angústia
e elevei o meu clamor para o meu Deus;
de Seu Templo ele escutou a minha voz,
e chegou a Seus ouvidos o meu grito.

Oração

Senhor, Deus de bondade e ternura,
Como os discípulos eu Te peço: aumenta a
 minha fé.
Tu és, Senhor, minha fortaleza e salvação.
Conduz meus passos pelo caminho certo.
Protege-me do mal.
Dá-me forças para suportar as tribulações,
Dá-me coragem para superá-las,
Dá-me paciência para saber esperar a hora divina,
Dá-me sabedoria para viver Teus ensinamentos,
Dá-me uma fé confiante e uma esperança viva,
Dá-me, Senhor, a segurança do Teu amor
E a certeza da Tua presença sempre comigo.
Senhor, tira de mim toda dúvida e incerteza
E reveste-me da Tua graça.
Amém.

CAPÍTULO 4

AS ARMAS DE DEUS PARA ENFRENTARMOS A NOVA BATALHA

No combate a qualquer tipo de inimigo, precisamos nos proteger usando acessórios que nos permitam diminuir os riscos de sermos atingidos. Isso ficou bem claro na pandemia da Covid-19, quando fomos orientados a usar máscaras, escudos faciais e outros equipamentos de proteção individual — para profissionais mais expostos, diversos deles são obrigatórios, como gorro, óculos de proteção, avental impermeável de mangas longas, luvas de procedimento, calçado adequado etc. —, além de álcool em gel para higienização.

Na vida espiritual não é diferente: combatemos um Inimigo poderoso e precisamos de múltiplos acessórios espirituais que nos ofereçam proteção efetiva. No livro *Batalha espiritual*, reforço que somos os protagonistas de um combate travado diariamente, e não apenas em tempos de crise sanitária e econômica. E, seja qual for o contexto, somos abençoados porque Jesus já nos conquistou a vitória, cabendo a nós consolidá-la em nossa existência: "Não somos filhos da derrota, e sim da vitória, precisamente porque nosso Deus não é um Deus morto, que findou sua existência no sepulcro."

Embora a redenção que Nosso Senhor Jesus Cristo conquistou para nós na Cruz seja plena, total e acessível a todos, enquanto peregrinamos nesta terra estamos sujeitos às investidas do mal, que deseja nos desviar e nos levar à perdição. E o Inimigo não dá trégua, como afirmou o apóstolo Paulo: "Não estamos lutando contra seres humanos, mas contra as forças espirituais do mal que vivem nas alturas, isto é, os governos, as autoridades e os poderes que dominam completamente este mundo de escuridão." Na sequência, ele nos recomenda "pegar a armadura que Deus nos dá" (Ef 6, 12-13a). Ou seja, a armadura do cristão não vem de nós mesmos nem de nenhuma criatura humana, mas de Deus.

Já sabemos o que representa a armadura de Deus graças a um dos capítulos de *Batalha espiritual*. Mas, dado o momento atual, vale muito reforçarmos esse conteúdo segundo as novas circunstâncias, chamando a atenção, sobretudo, para a recomendação de São Paulo de que, para estarmos protegidos, devemos nos vestir com toda a armadura que Deus nos fornece, composta das seguintes peças:

1) *Cinturão da verdade*

Assim como nas armaduras dos guerreiros, o cinturão era a peça que mantinha todas as partes conectadas. Portanto, a Palavra de Deus é que mantém a armadura do cristão íntegra. A Palavra de Deus é, em síntese, a essência da verdade (Sl 119, 160).

Se ignoramos os ensinamentos de Deus e não vivenciamos Sua Palavra, nossa força espiritual desmorona.

2) *Couraça da justiça*

Esta parte da armadura protege os órgãos vitais, especialmente o coração. Interessante é observar a ligação entre coração e mente. Todos os sentimentos bons ou maus, apesar de serem atribuídos ao coração, vêm da nossa mente. Tanto que notei uma curiosidade na Bíblia que uso para meus estudos: no capítulo 4 do Livro dos Provérbios, o versículo 23 veio nela traduzido da seguinte forma: "Guarda o teu coração acima de tudo, porque dele provém a vida." Já na Bíblia que utilizo no programa de rádio, com uma nova tradução, o mesmo versículo afirma: "Tenha cuidado com o que você pensa, pois a sua vida é dirigida pelos pensamentos."

Se os dardos de Satanás conseguem atingir nosso coração, todo nosso ser é atingido.

A couraça da justiça nos fortalece espiritualmente para rejeitar o pecado e viver segundo a vontade do nosso Criador.

3) *Calçado do Evangelho da Paz*

Os pés constituem a base, o alicerce de nosso corpo; são eles que nos dão a firmeza e o equilíbrio no andar e no correr. Ter os pés calçados pelo Evangelho da Paz é ter no Senhor o apoio e a firmeza, pois Ele é o alicerce da nossa vida cristã. Estar calçado é estar vigilante e de prontidão para anunciar o Evangelho da Paz.

4) Escudo da fé

O Inimigo tenta semear a dúvida, pois é mestre em acusações mentirosas. A fé, como já salientei, é a confiança plena e inabalável em Deus e em Sua Palavra, bem como no fato de que Ele está conosco e nos protege. Como o salmista, podemos declarar: "O Senhor é minha rocha e minha fortaleza, quem me liberta é o meu Deus. Nele me abrigo, meu rochedo, meu escudo e minha força salvadora, minha torre forte e meu refúgio" (Sl 18, 1).

5) Capacete da salvação

Usar o capacete da salvação é acreditar que Jesus é o nosso Deus e Senhor. É ter a certeza de Seu amor por nós e da salvação que Ele nos oferece. E a esperança da salvação nos protege para não abrirmos em nossa mente brechas para o Inimigo. O capacete da salvação protege não apenas nossa cabeça, mas também nossos olhos e ouvidos, para que tenhamos cuidado com o que vemos e ouvimos.

6) Espada do Espírito

A Espada do Espírito pode ser usada para nos proteger e para derrotar o Inimigo. Jesus Cristo, quando tentado pelo Diabo no deserto, venceu a batalha usando a Palavra de Deus.

A Palavra de Deus é viva, eficaz e mais afiada do que qualquer espada de dois gumes, capaz de penetrar profundamente no âmago do ser humano e aniquilar o que tem de pior em sua natureza, transformando-o em virtudes.

Para destacar o poder da Armadura de Deus no momento atual, rememoro as três principais ações recomendadas por São Paulo, as quais, a rigor, valem para nos salvar das armadilhas do Inimigo, incluindo aquela que enfrentamos hoje, em um cenário de pandemia:

"Fortalecei-vos no Senhor e na força do Seu poder."

"Revesti-vos da armadura de Deus."

"Vigiai com toda perseverança."

Mais arsenal de combate

Assim como a Armadura de proteção, o Senhor coloca à nossa disposição armas para lutarmos e vencermos toda e qualquer batalha, seja ela espiritual, seja ela humana.

No mundo de hoje, estamos em evidente combate, e nosso inimigo é um ser que, apesar de ter dimensões microscópicas, goza de um poder de destruição alarmante. Há algo de maligno e diabólico nesse novo coronavírus.

Acredite em mim: não estava no plano de Deus que os últimos meses seriam esse mar de sombras!

No entanto, isso aconteceu, e não podemos nos esquivar da batalha. Por outro lado, a boa notícia é que Ele está conosco e nos oferece coisas poderosas para esse combate. Tal qual já expliquei, nós podemos rejeitar o mal e temos força para isso.

Mas como?

Fortalecidos em nossa vontade por meio da graça de Deus. Embora sejamos vulneráveis às seduções do Maligno e às nossas fraquezas, Deus jamais nos abandona e ainda nos municia com uma série de armas espirituais que vale a pena resgatarmos.

1) Jejum

Jesus Cristo nos deu o exemplo e nos ensinou o valor do jejum como disciplina espiritual. Ele mesmo, antes de iniciar seu ministério público, jejuou durante quarenta dias (cf. Lc 4, 1-2).

Mais tarde, questionado pelos apóstolos por que não puderam expulsar um demônio, Jesus explicou que aquele tipo de demônio só poderia ser expulso com oração e jejum. Nosso Mestre também nos ensinou que o jejum não deve ser feito para exibir espiritualidade, e sim imbuído de humildade, como forma de aprofundar o relacionamento com Deus (cf. Mt 6, 12-18).

A princípio, o jejum é entendido como a abstinência de refeições (ou de algumas delas), porém, como disciplina espiritual, pode ser estendido a tudo aquilo que nos agrade. Aquilo que deixamos de consumir com o jejum pode, ademais, ser revertido para a caridade.

Nesta pandemia, mesmo que forçadamente estejamos "jejuando" de abraços, da companhia de pessoas que nos são caras, de liberdade, não reclamemos, não praguejemos! Antes, ofereçamos esses sacrifícios a Deus e os aliemos à oração, a fim de que os transformemos em algo que nos eleve e que pode ter um valor redentor.

2) *Caridade*

Esta é uma arma poderosa, que nos identifica como filhos da Luz e faz brotar em nossas almas o desejo de testemunhar Jesus Cristo e os sinais do Reino de Deus em nosso meio.

A caridade é o sinônimo e a prática do amor. É a mais perfeita virtude teologal, e por isso São Paulo diz que a caridade jamais passará (1 Cor 13, 8), pois na eternidade continuaremos amando com um amor pleno.

Trata-se de uma virtude tão imprescindível que nos foi deixada por Nosso Senhor Jesus Cristo como um novo mandamento: "Dou-vos um mandamento novo: que vos ameis uns aos outros. Como eu vos amei, amai-vos também uns aos outros" (Jo 13, 34).

O amor da caridade pode ser praticado e desenvolvido pelas obras de misericórdia. Elas são a manifestação concreta de um amor sem interesse, da sensibilidade que reconhece e entende as dores e o sofrimento do próximo, dispondo-se a atender a suas necessidades espirituais e materiais com a mesma empatia e compaixão demonstrada por Nosso Senhor.

Aqui, nesta explicação, vale introduzir uma observação a respeito dos gestos de solidariedade, a fim de ressaltar que cada vez mais essa presença amiga não necessita ser feita só presencialmente. De fato, durante toda a fase de distanciamento social, os meios de comunicação e os aparatos tecnológicos se mostraram grandes aliados na reunião, ainda que virtual, de familiares e amigos separados. Portanto, não economizemos nessa atenção on-line a quem está necessitando.

A caridade afetiva consiste em gestos concretos de partilha e de solidariedade para com o próximo. Enfatizo, então, aquilo que disse em meu *Batalha espiritual*: "É dar pão a quem tem fome, mas também lutar e promover a dignidade da vida humana em sua passagem pela vida terrena." De fato, durante todo esse tempo de pandemia, pude testemunhar muitos gestos de partilha. Ficou evidente que não precisamos ser ricos para repartir; aliás, são os que possuem menos que têm as mãos mais generosas.

De minha parte, espero e peço a Deus que a caridade, a partilha e a solidariedade sejam o maior legado desta pandemia, fazendo-nos enxergar no próximo o rosto de Jesus Cristo.

3) *Cruz*

Eis o símbolo da vitória de Jesus sobre a morte e o pecado. O ditado popular segundo o qual o Diabo foge da Cruz é verdadeiro, porque nela Jesus nos redimiu e nos livrou do seu domínio maligno.

Nos momentos de dúvida e incerteza, em que achamos que Deus nos abandonou, devemos pensar no Cristo Crucificado e lembrar que Ele "suportou os nossos pecados no seu corpo, sobre o madeiro da Cruz" (1 Pd 2, 21a). Tudo isso unicamente por amor a nós. A cada um de nós.

Na Sexta-feira Santa, a Igreja Católica reserva um rito na Celebração da Paixão do Senhor para adoração da Santa Cruz. Na verdade, com esse gesto de veneração, adoramos Cristo e a Sua Cruz. Portanto, ambos estão unidos neste solene rito.

Segundo São Tomás de Aquino, esse culto se deve ao fato de a Cruz ter estado em contato direto com os membros santíssimos do Divino Salvador e haver sido umedecida com o Seu preciosíssimo sangue (cf. *Suma teológica*, III^a, q. 25, a. 4).

O calendário litúrgico também dedica um dia para a Festa da Exaltação da Santa Cruz, cujo objetivo é glorificar Jesus por Sua prova de amor por nós e Sua obediência incondicional ao Pai.

O próprio Jesus garantiu que, assim como Moisés, que levantara a haste sobre a qual pusera uma serpente de bronze e, desta forma, curara todos os que haviam sido mordidos pelo animal, também o Filho do Homem seria levantado para salvar todos os que n'Ele cressem (cf. Jo 3, 14).

Portanto, diante das serpentes que rondam nossa vida, das mordidas que estamos levando nesta fase de pandemia e de outros males, não precisamos mais, como Moisés, levantar uma haste com uma serpente de bronze. Antes, olhemos para Aquele que foi levantado, Nosso Senhor Jesus Cristo, na Cruz. Se a serpente de Moisés curou, o Cristo levantado na Cruz cura, liberta e salva da condenação eterna.

4) *Nome do Senhor*

O nome de Jesus Lhe foi atribuído pelo próprio Pai (cf. Lc 1, 31). "Assim Deus fez com que o Filho fosse superior aos anjos e lhe deu um nome superior ao nome deles" (Hb 1, 4).

Cito novamente o *Catecismo da Igreja Católica* por achar espetacular esta explicação: "[...] o nome que tudo encerra é o que o Filho de Deus recebe na sua encarnação: JESUS.

O nome divino é indizível para lábios humanos, mas, ao assumir a nossa humanidade, o Verbo de Deus comunica-no-lo e nós podemos invocá-lo: 'Jesus', 'YHWH salva'. O nome de Jesus contém tudo: Deus e o homem e toda a economia da criação e da salvação. Rezar 'Jesus' é invocá-Lo, chamá-Lo a nós. O Seu nome é o único que contém a presença que significa. Jesus é o Ressuscitado, e todo aquele que invocar o Seu nome acolhe o Filho de Deus que o amou e por ele Se entregou" (*Catecismo da Igreja Católica*, 2666).

O Nome de Jesus tem poder e deve ser usado na batalha contra as forças do mal que nos cercam. O próprio Jesus nos deu essa autoridade: "Estes são os sinais que acompanharam aos que crerem: em Meu Nome expulsarão demônios, falarão em novas línguas, pegarão em serpentes, e, se beberem algum veneno mortífero, nada sofrerão; imporão as mãos sobre os enfermos e estes ficarão curados" (Mc 16, 17-18).

Todavia, devemos ter cuidado para não banalizar esse poder. Como o Senhor salientou, crer implica ter uma vida de intimidade com Ele, o que é imprescindível para gozar da autoridade que Ele promete em Seu Nome. Os Atos dos Apóstolos narram uma tentativa frustrada de expulsar espíritos maus pelos filhos de um grande sacerdote chamado Ceva. Diziam: "Pelo poder do nome de Jesus, o mesmo que Paulo anuncia, eu mando que vocês saiam!" Tudo não passava de autoengano, porém. Algo dera errado: "Mas certa vez um espírito mau disse a eles: 'Eu conheço Jesus e sei quem é Paulo. Mas vocês, quem são?'" E conta o texto que o homem dominado pelo espírito bateu violentamente neles, que acabaram indo embora machucados e com as roupas rasgadas. Todos os que moravam em Éfeso souberam do acontecido, e o Nome de Jesus se tornou mais respeitado ainda (cf. At 19, 13-17).

Os apóstolos, por sua vez, compreenderam e tiveram fé no poder do Nome de Jesus para realizar sinais e prodígios. Pedro, por exemplo, curou o paralítico na porta do Templo (cf. At 3, 6), enquanto Paulo libertou uma moça que estava dominada por um espírito mau, ordenando que saísse dela pelo poder do Nome de Jesus (cf. At 16, 16-19).

Não por coincidência, Tiago aconselha: "Se alguém está doente, que chame os presbíteros da Igreja para que, em conjunto com a oração, façam a unção na cabeça da pessoa em Nome do Senhor" (Tg 5, 14).

Diante disso, faço uma pausa para refletirmos: de onde saiu o novo coronavírus? Que mutações sofreu?

A ciência ainda não tem todas as respostas. Só recentemente conseguiram entender melhor como a doença que ele provoca, conhecida como Covid-19, age no organismo humano, e mesmo assim cada indivíduo pode apresentar sintomas e sequelas diferentes.

Tudo se torna ainda mais sombrio quando, no meio de tantos estragos, são praticados atos perniciosos do ponto de vista moral, como improbidades de toda ordem ou simplesmente ações negacionistas e, portanto, contrárias à vida. Agir dessa forma é optar pela morte e voltar-se contra Deus.

Antes, devemos a todo momento nos empenhar em optar por Jesus e clamar seu Santo Nome.

Relembro: somos filhos de Deus e herdeiros das promessas, co-herdeiros em Jesus Cristo. Portanto, invoquemo-Lo sempre nas perseguições, nas tentações, nos momentos de aflição, "pois não há, debaixo do céu, outro nome dado aos homens pelo qual devamos ser salvos" (At 4, 12).

5) *Intercessão de Maria*

Maria nos acompanha nas batalhas da vida, especialmente nas que travamos contra as forças do mal. Ela é aquela que pisa na cabeça da serpente.

Nossa Senhora de tantos títulos e de tantos nomes, Maria nos ensina hoje a lidarmos com as nossas dores e cruzes e a aprendermos com o sofrimento.

O mundo em que vivemos está machucado. A humanidade está doente. A batalha é árdua. O sofrimento, o medo, a insegurança — espadas que também foram colocadas no coração de Maria — estão hoje no coração da maioria das pessoas. Maria pode, claramente, nos ensinar a suportar nossas aflições como Ela, sem renunciar à Cruz, ao calvário e ao sofrimento, os quais podem nos levar à maturidade da fé.

Certamente, ficará marcada na história a data em que a primeira vacina foi aplicada contra o novo coronavírus no Ocidente — mais precisamente no Reino Unido, no dia 8 de dezembro de 2020, dia da Imaculada Conceição de Maria. Para muitos, simples acaso; para mim, Providência divina. Vejo nesse acontecimento o sinal de Nossa Senhora cuidando de seus filhos e pisando na cabeça da "serpente-coronavírus".

Por essa razão, não podemos deixar de recorrer à nossa Mãe nunca — em especial no prolongamento do flagelo da pandemia:

Nossa Senhora, pisa na cabeça da serpente
desta pandemia.
Pisa na cabeça da serpente que leva a gestos e
manifestações de ódio e de morte.
Pisa na cabeça das serpentes que, em meio a tudo isso, são
capazes de tirar proveito, de se corromperem e de lesar
aquilo que é saúde pública e direito de todos.
Pisa na cabeça da serpente que está envenenando as
famílias, minando a convivência e o casamento.
Pisa na cabeça da serpente das drogas.
Pisa na cabeça das serpentes que temos enroladas em
nossos pés, para que não sejamos envenenados e mortos.
Nossa Senhora, pega nosso globo terrestre, nosso planeta,
nossa humanidade tão machucada e ferida,
e apresente ao Teu Filho Jesus.
Pede a Ele, Mãe, que sejamos curados.
Necessitamos da Tua ajuda, Mãe; sê nossa intercessora,
para que os antídotos estejam acessíveis
a todos os Teus filhos.
Amém.

6) *Invocação do Arcanjo Miguel*

O nome desse arcanjo tem origem hebraica e remete àquele que é "tal como Deus". A assistência de São Miguel, enquanto protetor, é relatada na Bíblia desde o Antigo Testamento. Como já pude esclarecer em *Batalha espiritual*, ele

> é citado como provedor de socorro nos combates (cf. Dn 10, 13.22). O profeta [Daniel], por sua vez, intitula-o como o gran-

de príncipe protetor dos judeus (cf. Dn 12, 1). Já o título de Arcanjo lhe foi conferido na Carta de São Judas, na passagem referente à sua luta contra Satanás, em que, para repreendê-lo, não se vale de seu próprio poder nem de palavras ofensivas, mas apenas pronuncia a sentença: 'Que o Senhor o condene' (Jd 1, 9). Por fim, também é mencionado no Livro do Apocalipse a propósito da grande batalha travada contra o Dragão, da qual ele e os demais anjos saíram vitoriosos (cf. Ap 12, 7-8).

São Miguel é o Príncipe da Milícia Celeste e exerce a função de proteger os vivos e os mortos, encorajando e fortalecendo os fiéis para superarem os desafios e vencerem o mal.

Uma série de visões aumentou a veneração ao Arcanjo Miguel na Europa. Entre elas, destaca-se a ocorrida no Monte Gargano, sudeste da Itália, local que, tempos depois, tornou-se centro de peregrinação e culto.

Outra aparição se deu no ano 590, justamente quando uma terrível epidemia de peste assolava Roma. O Papa São Gregório Magno afirmou ter avistado o Arcanjo de pé sobre o topo do castelo, até então conhecido como Mausoléu de Adriano. O arcanjo embainhava sua espada para assinalar o fim da epidemia. Uma estátua do Arcanjo foi, então, colocada no topo do edifício, que desde então é denominado Castelo de Santo Ângelo.

Portanto, com confiança, peçamos:

Arcanjo Miguel, príncipe guardião e guerreiro,
Defende-nos de todo o mal,
Das tentações do Inimigo,
E livra-nos desta pandemia e de qualquer outra!

7) Água benta

Um dos sacramentais mais conhecidos da Igreja, a água benta recorda nosso batismo e simboliza a purificação espiritual.

O Catecismo ensina que os sacramentais são sinais sagrados (remetem aos sacramentos) e produzem efeitos sobretudo no campo espiritual, operando por meio da intercessão da Igreja. Os sacramentais não conferem a graça do Espírito Santo como os sacramentos, mas são vias de bênção e de comunhão com o Criador (cf. *Catecismo da Igreja Católica*, 1667-1670).

Portanto, devemos a eficácia da água benta primeiro a Nosso Senhor Jesus Cristo e, depois, à intercessão e às orações da Igreja.

A água benta tem o poder de purificar dos pecados veniais (menos graves, que não privam da graça santificante e não exigem a confissão para que sejam perdoados), bem como ajuda a vencer as tentações do demônio. Como explica São Tomás de Aquino, ela atua "contra as insídias do demônio e contra os pecados veniais" (*Suma teológica*, III, q. 65, a. 1, ad 6).

Diz ainda o Doutor Angélico: "A aspersão da água benta traz a remissão do pecado venial na medida em que estimula a contrição" (*Suma teológica*, III, q. 87, a. 3), ou seja, impulsiona o arrependimento sincero, a dor por ter ofendido a Deus, imensamente bom e digno de ser amado.

Como bem ressalto em meu livro *Batalha Espiritual*, "o fervor da fé em Deus, bem como a confiança e a certeza de que tudo é graça divina, deve acompanhar esse sacramental, a fim de garantir a sua plena eficácia".

8) *Sal bento*

Embora este sacramental esteja praticamente esquecido, o sal abençoado por um sacerdote é uma poderosa arma contra as forças do mal.

Na Antiguidade, como não havia geladeiras nem freezers, o sal era usado para a preservação de alimentos; na seara religiosa, também associado a essa função, era voltado à preservação dos valores morais.

O sal tinha uma importância muito grande na vida das pessoas, tanto que a origem da palavra "salário" está relacionada a esse produto, exatamente por sua condição essencial.

No Antigo Testamento, além da função de preservar e dar sabor aos alimentos, o sal foi usado por Deus, por intermédio de Eliseu, para purificar a água imprópria para consumo, convertendo-a em água potável (cf. 2 Rs 2, 21).

Também no Antigo Testamento, o sal é símbolo de aliança, de amizade, um pacto definitivo e indestrutível, como a que o Senhor faz com Arão: "Estou dando a você, aos seus filhos e às suas filhas, para sempre, todas as ofertas especiais que os israelitas me oferecerem. Esta é uma aliança de sal que faço com você e com os seus descendentes, e ela nunca deverá ser quebrada" (Nm 18, 19).

O sal na dose certa é essencial para a estabilidade do organismo humano. Sua falta torna, ainda, a comida sem sabor. Jesus nos conclamou a sermos o sal da terra (cf. Mt 5, 13). Santo Agostinho associa esse tempero com a motivação interior, dizendo: "O entusiasmo é o sal da alma."

O sal deve ser abençoado por um sacerdote, segundo prescreve a oração de bênção do sal contida no *Missal romano*.

Ele pode ser utilizado nos alimentos, como de costume, ou mesmo pela casa, como forma de proteger o local.

Mais uma vez, afirmo que os sacramentais não são superstições nem instrumentos mágicos; seu poder foi conferido pelo próprio Jesus. Porém, sua eficácia depende de quem faz uso deles. A fé e o espírito de oração são sempre determinantes.

9) *Eucaristia*

A Eucaristia é o mais poderoso remédio contra o Inimigo. Nela está o grande bálsamo contra Satanás. Ela está no centro e no cume da história da salvação: "A Igreja recebeu a Eucaristia de Cristo, seu Senhor, não como um dom, por precioso que ele seja, entre muitos outros, mas como o *dom por excelência*, porque ele é o dom de si mesmo, da sua pessoa na sua santa humanidade e da sua obra de salvação" (São João Paulo II, Carta encíclica *Ecclesia de Eucharistia*, n. 11). Com efeito, nela cumpre-se a promessa de Jesus, que disse que estaria conosco todos os dias, até o fim (cf. Mt 28, 20).

Sim! Na Eucaristia está o próprio Cristo por completo: corpo, sangue, alma e divindade! Eis por que é tão importante estarmos sempre em estado de graça, com a confissão em dia: assim, "limpamos a casa" para receber Nosso Senhor em nós. A assiduidade à Eucaristia é garantia de que Satanás não sairá vitorioso sobre nós.

Eu sei: a pandemia mudou toda a nossa realidade e rotina. Como citei no primeiro capítulo, as Igrejas por vezes estiveram com suas portas fechadas. Mais recentemente, adaptadas com as recomendações das autoridades sanitárias, puderam, ainda que com número reduzido de fiéis, voltar a realizar Celebrações Eucarísticas.

No princípio da pandemia, o Papa Francisco fez algumas orientações valiosas, entre as quais destaco a prática — realizada por santos e mais santos ao longo da história — de um bom exame de consciência diário e o pedido de perdão a Deus com arrependimento pelos nossos pecados. O Santo Padre também nos orientou a comungar espiritualmente quando não for possível fazê-lo de modo presencial. Essas observações valeram para o tempo de isolamento e continuam valendo para quem está impedido de comungar, seja pela doença, seja por pertencer aos chamados grupos de risco. Temos, entre outras, a oração de Santo Afonso Maria de Ligório para esse momento:

> **Creio, ó meu Jesus, que estais presente no Santíssimo Sacramento. Amo-Vos sobre todas as coisas e desejo-Vos possuir em minha alma. Mas como agora não posso receber-Vos sacramentalmente, vinde espiritualmente ao meu coração. E, como se já Vos tivesse recebido, uno-me inteiramente a Vós; não permitais, Senhor, que torne a separar-me de Vós.**

Todas essas são medidas emergenciais para não nos distanciarmos do sustento e do remédio para nossa alma: a Eucaristia. Porém, ressalto: para quem não tem impedimento, estando as igrejas abertas, com as medidas de segurança necessárias, não há desculpas. Afinal, muitos vão a feiras, shoppings, parques e outros lugares com maior aglomeração, mas recorrem ao argumento do risco de contaminação quando se trata de ir à igreja.

Então, não se afaste da Casa do Pai, de Jesus Eucarístico. Ele é a força e o alimento para a nossa caminhada.

A vitória, como sabemos, ocorre travando a batalha. Munidos das proteções sanitárias, revestidos da armadura de Deus e fazendo uso das armas de combate, seremos vitoriosos. "Com Deus do nosso lado, venceremos; Ele derrotará os nossos Inimigos" (Sl 108, 13).

Para rezar
Salmo 16

R.: Guardai-me, ó Deus, porque em Vós me refugio!
Guardai-me, ó Deus, porque em Vós me refugio!
Digo ao Senhor: "Somente Vós sois meu Senhor:
nenhum bem eu posso achar fora de Vós!"

Ó Senhor, sois minha herança e minha taça,
meu destino está seguro em Vossas mãos!
Foi demarcada para mim a melhor terra,
e eu exulto de alegria em minha herança!

Eu bendigo o Senhor, que me aconselha,
e até de noite me adverte o coração.
Tenho sempre o Senhor ante meus olhos,
pois se O tenho a meu lado não vacilo.

Vós me ensinais Vosso caminho para a vida;
junto a Vós, felicidade sem limites,
delícia eterna e alegria ao Vosso lado!

Oração

Senhor Jesus Cristo, Vós sois grande,
Vós sois o Deus do Impossível.
Nós Vos pedimos que, com o auxílio dos Arcanjos Miguel, Rafael e Gabriel, sejamos libertados do Maligno.
Da angústia, da tristeza, da obsessão, libertai-nos, Senhor.
Da depressão e Síndrome do Pânico, libertai-nos, Senhor.
Da violência, da falsidade e da mentira, libertai-nos, Senhor.
Do ódio, da fornicação, da inveja, libertai-nos, Senhor.
Do desemprego e da crise financeira, libertai-nos, Senhor.
Dos vícios e compulsões, libertai-nos, Senhor.
Dos pensamentos de ciúmes, de raiva, de morte, libertai-nos, Senhor.
De cada pensamento de suicídio e aborto, libertai-nos, Senhor.
De cada forma de aprisionamento sexual, libertai-nos, Senhor.

De cada forma de malefício, de feitiçaria, de bruxaria e de quaisquer males ocultos, libertai-nos, Senhor.
Ó Senhor, que dissestes "deixo-vos a paz, dou-vos a minha paz", concede-nos, por intercessão da Nossa Senhora, a libertação de todos os males e a graça de gozarmos sempre da Vossa paz. Amém.

CAPÍTULO 5

PARA A PROTEÇÃO DO CASAMENTO

Um dos aspectos que mais aflorou durante o tempo de quarentena foram as desavenças conjugais. Pelas partilhas que recebo e pelos noticiários, vejo com preocupação que esse período de convivência intensa trouxe, para algumas famílias, um desconforto nos relacionamentos entre casais e na relação entre pais e filhos. Isso deve ser tratado. (De fato, a tensão e a insegurança do momento geraram ansiedade e até doenças psíquicas, as quais muitas vezes necessitam de atendimento especializado.)

Um dos sinais de alerta é o índice de divórcios, que disparou. Muitos casais não suportam passar as 24 horas do dia juntos, tendo de se desdobrar para dar atenção aos filhos, auxiliá-los nos estudos e zelar por suas atividades de entretenimento. Com isso, instalaram-se a intolerância, o desrespeito e outras insinuações do Maligno. As estatísticas mostram que, infelizmente, aumentaram também a violência contra crianças e idosos e, mais que nunca, as agressões físicas no contexto das relações conjugais.

Aqui, ressalto também uma contradição que emerge a partir de dados de pesquisas de mercado, segundo as quais o setor que mais cresceu nesse período de pandemia foi o de... materiais de construção! Isso reflete a realidade de pessoas que, em função da correria do dia a dia, não prestavam atenção ao estado físico de suas casas, mas começaram a perceber, com essa parada forçada pela pandemia, as rachaduras, os mofos, as pinturas desgastadas, as torneiras pingando, entre outros aspectos que exigem manutenção.

Contudo e infelizmente, com relação ao matrimônio em si, esse mesmo cuidado não vem sendo tomado. A maior quantidade de tempo na presença do outro fez diversos defeitos, manias, incômodos e até "pequenas e grandes rachaduras" na união virem à tona.

Então, cabe a pergunta: por que esses problemas detectados não provocam o mesmo desejo de restauração, optando-se logo de cara pelo caminho do distanciamento?

Não estou negligenciando que as condições de insegurança, o medo e a dificuldade financeira disparem gatilhos tóxicos como a discórdia, especialmente quando não ocorre o diálogo.

No meu livro *Combate espiritual: no dia a dia*, tratei do matrimônio e de como o Inimigo tem interesse em destruir as duas instituições cujo papel é impedir que seu domínio se alastre: a Igreja e a família. Todo esse conteúdo a respeito do assunto é atemporal e oferece sugestões para superar os problemas conjugais.

Apenas para relembrar, ali eu comparei o Diabo a um marimbondo, que é estéril e só serve para ferroar e para incomodar:

No seio familiar, faz sua colmeia embaixo da cama do casal, e a partir daí deixa de haver mel, carinho e gestos de cooperação. O que resta são apenas ferroadas que doem profundamente e destroem o matrimônio. Já na casa de Deus, a Igreja, o Inimigo costuma dar ferroadas de discórdia, brigas, fofocas e disputas de poder. Não por acaso, faz sua colmeia perto da sacristia. Por isso, precisamos cuidar sempre desses dois lugares sagrados, para não sermos ferroados pelo Maligno.

O melhor guia para seu casamento está no próprio Jesus

Aqui, quero propor um enfoque diferente, à luz do Evangelho, pois, se o mal ronda tentando nos atingir, o Senhor Jesus está presente para nos proteger e caminhar conosco.

Recorro aqui a um dos textos que mais me confortam: "Vinde a mim todos os que estais cansados sob o peso do vosso fardo e eu vos darei descanso. Tomai sobre vós o meu jugo e aprendei de mim, porque sou manso e humilde de coração, e encontrareis descanso para vossas almas, pois o meu jugo é suave e o meu fardo é leve" (Mt 11, 28-30).

Esse chamado é um convite a todos os que estão cansados de esperar, fatigados de tanto trabalhar, sob o peso dessa luta incansável. E não se trata apenas da provação da pandemia, mas também de outras tribulações e doenças que não deram trégua. Estamos fatigados de perceber que as pessoas não estão mudando; ao contrário, até pioram com manifestações ostensivas de irritação e intolerância, oprimidas por uma batalha contínua dentro de casa, marcada por brigas, falta de dinheiro e de trabalho, vícios, entre outros problemas que vão minando a convivência...

Quando esse processo se prolonga, a adrenalina aumenta, e a tendência é que se chegue a um quadro ainda pior. No turbilhão de desconforto e desavenças, o sono é afetado, e as pessoas mal conseguem relaxar. É justamente para esse tipo de gente que Jesus abre os braços e diz: "Vinde a mim."

Certamente, trata-se de um texto de cunho religioso e situado no tempo em que foi escrito, quando inúmeras normas políticas e religiosas eram imputadas ao povo, observando o que podiam e não podiam fazer. Tão rígidas e punitivas eram que as pessoas não conseguiam cumprir e acabavam cansadas, julgando-se indignas e desprovidas da graça de Deus.

Mas não é sobre esse aspecto exatamente que quero discorrer. Interessam-me aqui os casais que se deparam com uma crise familiar dentro da crise da pandemia: são eles que devem se dar conta do caminho existente sob o jugo de Jesus, precisamente o do perdão que liberta, do diálogo que aproxima e do amor que constrói.

Jesus torna mais leve a justiça para nós e nos faz mais coerentes. Ele não defende o simples legalismo; o que Jesus quer é misericórdia.

Uma pessoa amarga e vingativa estraga a vida de todos, sobretudo em uma relação conjugal e familiar.

Como já disse, a pandemia nos fez enxergar a realidade com uma lente de aumento e focada no que o outro tem de pior, isto é, nos defeitos. De repente, uma mania simples, que nunca incomodou, passa a ser irritante. Coisas que em "tempos normais" passam despercebidas ou são encaradas sem estresse acabam tomando uma proporção maior e gerando consequências graves, desde desavenças até violência.

Muitos já retornaram ao trabalho presencial, enquanto, em outros casos, as empresas optaram pelo sistema de *home office*. Nesse novo contexto, casais passam muitas horas juntos, dividindo o mesmo espaço para manter sua rotina de trabalho, ampliando sobremaneira a necessidade de organização, disciplina e comunicação. É bom ter claro que nenhum dos dois está de folga, e há de se respeitar as demandas de um e de outro. Como se diz, no melhor dos mundos cada um teria seu cantinho de trabalho, mas para a maioria isso não é possível; então, é preciso conciliar e fazer dar certo, o que exige paciência, negociação, divisão de tarefas, criatividade, compreensão e respeito pelo espaço e pelos momentos de recolhimento e de solidão do cônjuge. Afinal, ficar só às vezes também é uma necessidade do ser humano.

Felizmente, para muitos casais a convivência mais frequente é a oportunidade que esperavam de aproveitar a companhia um do outro, de ter a presença dos filhos em um contato afetivo precioso, que aproxima e fortalece a união da família.

Por mais casais mansos e humildes de espírito

A vida a dois no contexto da pandemia suscita muitos questionamentos e exige uma tomada de atitude que requer, antes de tudo, reavaliação e readaptação à nova realidade, culminando em uma decisão de mudança e reconciliação. Para isso, temos de aprender a perdoar e a ter paciência com os erros alheios. O Senhor continua a dizer o que dissera aos apóstolos: que deveriam aprender com Ele a mansidão e a humildade.

Ora, Jesus possui todas as virtudes em grau máximo, mas pede que assimilemos e pratiquemos especialmente essas duas. Vejamos.

A mansidão exige atitudes que não são de vingança, irritação, violência ou destruição. Ao contrário, ela gera a paciência, tão necessária nesta fase para saber esperar por dias melhores e compreender as limitações do outro.

Ter paciência é entender que não está sendo difícil apenas para si, mas também para aqueles que nos cercam, os quais experimentam suas próprias inseguranças, medos e angústias. Ela serve para compreendermos que estamos de um único lado, no mesmo barco, e somente juntos, como pares, conseguiremos superar e avançar.

A humildade, por sua vez, é um precioso exercício para a vida conjugal.

Entre as muitas descobertas advindas da pandemia e presentes na tradição cristã, encontra-se a humildade de perceber que não temos controle de nada. Não podemos nem nos programar para ações de curtíssimo prazo: vivemos um dia de cada vez. Portanto, não mandamos em nada! E, como dizem, não adianta "cantar de galo" dentro de casa.

Cônjuges e filhos são reféns da mesma situação e precisam da mansidão e da humildade ao estilo de Jesus. Então, mais do que nunca, esta é a hora de pedirmos essas virtudes.

Ressalto que ser manso não é ser acomodado. Mansidão é uma virtude que exige grande força. Jesus era enérgico sempre que preciso; temos muitos relatos a esse respeito.

Ele corrigia com autoridade! O próprio Pedro é exemplo de alguém que levou umas boas reprimendas do Mestre. Ao mesmo tempo, Ele também corrigia com amor, empatia e compaixão, como só os fortes sabem fazer.

Então, ser manso não é ser "pau mandado" ou não ter opinião; antes, é mostrar-se seguro, sereno e forte.

Toda família, ademais, enfrenta desacordos. Desconheço um casal que nunca teve conflitos. Tudo é questão de saber administrá-los e de não deixar acumular sentimentos tóxicos, como raiva, mágoa e amargura. Também não se pode esquecer de dialogar com mansidão e humildade, sem jamais empurrar os problemas para debaixo do tapete, pois isso é receita certa para a cisão.

Reitero o que já disse em outra publicação: "A união sai fortalecida quando marido e mulher conseguem enfrentar e resolver problemas que poderiam afastá-los." E um dos conselhos sábios de São Paulo também é muito assertivo para os nossos casais neste momento: "Vocês estão com raiva? Não pequem; o sol não se ponha sobre o ressentimento de vocês" (Ef 4, 26).

Por fim, cito o clássico filme *Como se fosse a primeira vez*, em que a protagonista é portadora de uma síndrome que a faz esquecer fatos e pessoas de um dia para o outro. Por isso, o rapaz que se apaixona e se casa com ela precisa lhe mostrar as fotos dos dois juntos todos os dias e conquistá-la novamente sempre. Ela, por sua vez, anota as características que aprecia no parceiro para não as esquecer. Isso vai criando sua memória afetiva, e, mesmo que a síndrome apague os fatos da sua mente, no dia seguinte o cônjuge deixa de ser um completo estranho.

Inspirados por essa história, pergunto aos casais: por que não ressaltar e anotar as qualidades que percebem no outro, de forma a serem sempre lembradas, sobretudo nos momentos de conflito? Ah, se os maridos tivessem o zelo de fazer suas esposas se apaixonarem por eles todos os dias e vice-versa! Como seria maravilhosa a vida conjugal!

Isso pode estar no plano da ficção, mas acredite: pequenos gestos que reguem o amor são poderosos agentes para fazer com que ele floresça cada vez mais.

Este período que estamos vivendo é, sem dúvida, um dos mais desafiadores que encontraremos. Deixará marcas, com certeza, mas que sejam cicatrizes de uma batalha vitoriosa, travada na mansidão e na humildade.

Comecei este capítulo comentando sobre as "rachaduras" no relacionamento. Insisto: ao perceber quais são essas incompatibilidades da vida conjugal, em vez de desanimar ou blasfemar como o Inimigo quer, abrigue-se sob o jugo de Jesus e as ressignifique. Ou seja: faça de cada falha uma abertura por onde passe a luz que ilumina as trevas — e a verdadeira luz vem de Jesus, que é manso e humilde de coração.

Para rezar
Salmo 37

R.: **Confia ao Senhor o teu destino e Ele te protegerá!**
Confia no Senhor e faze o bem,
e sobre a terra habitarás em segurança.

Coloca no Senhor tua alegria,
e Ele dará o que pedir teu coração.

Deixa aos cuidados do Senhor o teu destino;
confia n'Ele, e com certeza Ele agirá.
Fará brilhar tua inocência como a luz,
e o teu direito, como o sol do meio-dia.

Não te irrites, pois seria um mal a mais!
Porque serão exterminados os perversos,
e os que esperam no Senhor terão a terra.

Mais um pouco e já os ímpios não existem;
se procuras seu lugar, não o acharás.
Mas os mansos herdarão a nova terra,
e nela gozarão de imensa paz.

Oração

Jesus, Maria e José, minha família vossa é.
Vós formastes a Sagrada Família de Nazaré,
Nosso modelo e exemplo de fé.
A vós consagro minha família.
Sagrada Família de Nazaré, livrai minha família de
  todo mal.
Protegei-a do Maligno, que divide e semeia a
  discórdia, o rancor e a mágoa.

Afugentai da minha família os vícios, intrigas, violências, desavenças, infidelidades e enfermidades.
Afastai o desemprego, a miséria e a inveja.
Ajudai-nos a nos amar cada dia mais e a partilhar com generosidade os bens materiais e espirituais.
Ajudai-nos a nos manter unidos, a viver a fé e exercitar o perdão.
Que minha família seja espaço de comunhão, acolhida e paz.
Sagrada Família, exemplo de oração,
Abri nosso coração ao diálogo com Deus,
Fazei com que das famílias brotem fervorosas vocações.
E ensinai-nos a crescer na santidade e no serviço a Deus e ao próximo.
Sagrada família de Nazaré, livrai minha família do mal.
Sagrada família de Nazaré, protegei minha família.
Sagrada família de Nazaré, santificai minha família.
Amém.

CAPÍTULO 6

A EDUCAÇÃO DOS FILHOS EM TEMPOS DE ISOLAMENTO

Outro dos grandes desafios neste período de pandemia e reclusão foi administrar o tempo e o ensino remoto dos filhos. Pais e professores não estavam preparados para isso e tiveram de se adaptar.

Como padre, senti dificuldade de pregar para uma igreja vazia, e por isso compreendo bem que essa adaptação por parte dos professores deve ter exigido muito empenho (e louvado seja Deus por mais essa valiosa contribuição desses mestres guerreiros!). Para os pais, isso gerou novas preocupações em relação aos filhos: qual a melhor forma de ajudá-los? Como mantê-los atentos e interessados nas disciplinas e nos conteúdos trabalhados?

Não podemos nos esquecer de que a maioria dos pais frequentou a escola em uma época diferente. Houve, desde então, grande avanço na forma de desenvolver os conteúdos escolares, o que acaba gerando alguns ruídos de comunicação. Por outro lado, muitas crianças e adolescentes aumentaram o sedentarismo em razão do maior número de horas em frente ao computador e, sobretudo, devido ao uso excessivo dos celulares.

Como lidar com tudo isso?

São aspectos que acabaram se refletindo na vida, na rotina familiar. Portanto, exigem atenção redobrada. Muitos pais optaram por relaxar e deixar correr solto; outros quiseram apertar a cobrança em demasia.

Reduza o estresse e aumente a resiliência

Por um lado, sabe-se que crianças e adolescentes podem ser infectados e permanecer assintomáticos; por outro, não sabemos o impacto que a pandemia causará na saúde mental e emocional desses jovens.

Se para os pais foi e está sendo difícil, imagine para os filhos! Embora o período de distanciamento vá se afrouxando, ainda traz muitas mudanças na rotina: restrições relativas à ocupação de espaços, convivência com idosos da família e amigos, ida a parques, frequência à escola, comemorações de aniversário presenciais etc., ao que se soma até a falta de um simples abraço. Em suma, todo o contexto atual vai contra a natureza socializadora dos rapazes e moças.

Além disso, perceber a preocupação, a ansiedade, a irritação, a tristeza e as brigas dos pais motivadas pela incerteza financeira, pelo desemprego e outras perdas, fora o medo da infecção, provoca um quadro preocupante de estresse nas crianças, adolescentes e jovens.

Engana-se quem imagina que as crianças não absorvem esses males. As perturbações transmitidas pelos pais e adultos da família os afetam demais! E, sem pretensão nenhuma de atuar como psicólogo, arrisco dizer que na maioria dos casos deixarão marcas. Não generalizo, pois cada criança é um indivíduo diferente, que reage de forma particular ao mesmo tipo de situação; todavia, creio que poucas esquecerão completamente esses acontecimentos.

Diante de circunstâncias assim, cabe aos adultos, de forma pedagógica, ajudá-las a processar adequadamente tudo isso.

"Eita" missão difícil quando nós mesmos ainda estamos perdidos buscando respostas e soluções!

O que quero dizer, porém, é que essas experiências podem ser transmitidas às crianças como forma de aprendizado, estimulando nelas uma postura resiliente.

Para além do obstáculo da pandemia, e agravados por ela, são inúmeros os desafios na área da educação dos filhos, cuja raiz está na progressiva relativização de todos os valores, o que enfraquece nosso poder de discernimento e é providencial para os desígnios do mal.

Mesmo que forçadamente, a pandemia impulsionou a aproximação de familiares que vivem sob o mesmo teto, com uma demanda muito maior de atenção. É dever dos pais ser os protagonistas na educação dos filhos e servirem de modelo para o comportamento que deles esperam.

Princípios como a ética, verdade, justiça, compaixão, solidariedade, perdão, entre outros, são internalizados desde a infância e constituem o sustento da nossa vivência cristã. São valores que vêm do berço e nos modelam como cidadãos de bem. "Eduque a criança no caminho em que deve andar, e até o fim da vida não se desviará dele" (Pr 22, 6).

Comprovado ficou que os meios de comunicação, especialmente a internet, quando usados com bons propósitos, são aliados valorosos para matar a saudade de quem está ausente e conservar os vínculos familiares, mas não só. Os aparatos digitais descortinam o mundo à nossa frente e nos permitem ter experiências verdadeiramente enriquecedoras. Com o fechamento de espaços culturais, por exemplo, surgiu a interessante possibilidade de visitar museus de forma remota. O mesmo vale para diversos cursos, *lives*, debates e bate-papos construtivos. Para os jovens, estar conectado é, sem dúvida, poder desfrutar de uma série de experiências valiosas ao alcance de um clique.

Não obstante, há sempre o outro lado da moeda. Refiro-me precisamente à influência negativa sobre muitas crianças e adolescentes que passam horas imersos em aparelhos celulares, em computadores e na própria televisão, sem uma seleção prévia da programação. Isso acaba influenciando-os negativamente com cenas de extrema violência, sadismo, maldade, sexo, as quais obrigatoriamente têm de ser barradas pelo crivo dos pais. A mídia, por meio de propagandas bem elaboradas, tem um papel instigador do consumismo e, por vezes, da revolta causada pela falta do poder aquisitivo para adquirir os produtos mostrados — e que em geral são apresentados como prioridade, fonte de status e popularidade. Com isso, os filhos se sentem excluídos e inferiorizados em relação aos demais grupos. Todos nós sabemos que propagandas influenciam até mesmo os excessos com a alimentação.

Os pais precisam estar atentos. Autoridades no assunto têm alertado exaustivamente, por exemplo, para a excessiva exposição em perfis em redes sociais e o consequente perigo de crianças e adolescentes se tornarem alvo de práticas ilícitas nos meios eletrônicos. Uma das mais comuns é o *bullying* ou *ciberbullying*, uma forma de assédio virtual em que a perseguição ocorre entre os próprios jovens, com postagens de conteúdos e imagens agressivas ou cruéis. A propagação é imediata e veloz; e, uma vez disparada, fica difícil rastreá-la e contê-la. Isso é muito sério e tem levado adolescentes e jovens ao suicídio.

Limites e disciplina continuam valendo

Finalmente, menciono aqui dois recursos conhecidos e sempre eficazes dos quais não se deve abrir mão em nenhuma hipótese na formação dos filhos: limites e disciplina.

Limite não é reprimir ("não pode isso", "não pode aquilo") punindo, subornando ou ameaçando. Antes, é saber dosar carinho, compreensão, respeito e rigidez. Impor limites é demonstrar amor, porque as regras ajudam os filhos a se tornarem adultos responsáveis e a lidarem com as frustrações.

Durante toda a vida, vamos receber diversos "nãos", e temos de aprender a conviver com regras e leis. Chamo, no entanto, a atenção para o risco do "não que não é explicado". Convivo com meus sobrinhos e vejo como eles questionam o "não". "Porque não" é uma resposta incompreensível e, de fato, não explica nada. Trata-se de um exercício de paciência, em que o "não", em lugar de ser o ponto-final em um determinado assunto, deve estar no início de uma conversa ancorada em justificativas e na possibilidade de alternativas. Não se trata de fazer barganha, mas de oferecer algo viável para a solução do assunto.

Saber corrigir é ainda outro ponto fundamental. Abuso de força é completamente contraproducente — fora que pode ser crime. Também é capaz de humilhar o jovem, atentando contra sua honra e dignidade. Não é assim que se obtém respeito. A correção que São Paulo pede — "não deis a vossos filhos motivo de revolta contra vós, mas criai-os na disciplina e na correção do Senhor" (Ef 6, 4) — é fraterna, amorosa e respeitosa.

Quanto à disciplina, considero-a essencial para o desenvolvimento humano e religioso, tanto que cheguei a lançar um diário espiritual que é uma forma de ajudar a disciplinar a Leitura Orante da Palavra, assim como os propósitos que ela nos desperta. Não fosse eu muito disciplinado, não conseguiria cumprir todos os meus compromissos.

Portanto, estabelecer horários, dividir tarefas e promover a diversão ajudarão os filhos a serem organizados e a se sentirem valorizados. Afinal, oferecer algo ao bom andamento da vida familiar é também ser reconhecido como alguém capaz e útil. Diz o Livro dos Provérbios: "A tolice é natural na mente da criança, mas dela se afastará pela vara da disciplina" (Pr 22, 15).

Finalizo tecendo aos pais uma observação fundamental: nunca vejam o tempo que passam com os filhos, independentemente da motivação, como um peso, mas sim como uma dádiva, como um tempo propício para interagir com eles, para se descobrirem ou se redescobrirem e para se ajustarem, percorrendo juntos o caminho do amor.

Para rezar
Salmo 31

R.: Sois Vós, ó Senhor, minha rocha e fortaleza!
Senhor, eu ponho em Vós minha esperança,
que eu não fique envergonhado eternamente!

Porque sois justo, defendei-me e libertai-me,
inclinai o Vosso ouvido para mim;
apressai-Vos, ó Senhor, em socorrer-me!

Sede uma rocha protetora para mim,
um abrigo bem seguro que me salve!
Sim, sois Vós a minha rocha e fortaleza;
por Vossa honra orientai-me e conduzi-me!

Mostrai serena a Vossa face ao Vosso servo
e salvai-me pela Vossa compaixão.
Fortalecei os corações, tende coragem,
todos vós que ao Senhor vos confiais!

Oração

Senhor, eu Vos louvo e agradeço pela vida dos meus
  filhos.
Eles são Vossa herança.
São um presente do Senhor, uma verdadeira bênção.
Agradeço, Senhor, por tê-los confiado a nós,

Para que os educássemos e lhes moldássemos o caráter.
Ajudai-nos a amá-los ao ponto de dizer "não" quando erram
E a corrigi-los com a disciplina apropriada, sem raiva.
Dai-nos a graça de orientá-los segundo a Vossa Palavra.
Senhor, que não se desviem do bom caminho,
Que tenham força para lutar contra o mal,
Que não se deixem fascinar pelas seduções desse mundo!
Senhor, reconduzi os filhos que estiverem afastados de Vós.
Curai os que estão doentes do corpo ou da alma.
Cuidai daqueles que se encontram perdidos nos vícios
e resgatai-os por Vossa graça.
Tudo isso Vos pedimos, Senhor, por intercessão de Nossa Senhora,
Mãe do Vosso Filho e nossa Mãe.
Amém.

CAPÍTULO 7

COMO LIDAR COM O GRAVE PROBLEMA DA CRISE FINANCEIRA

Como sabemos, os efeitos cruéis da pandemia da Covid-19 não ficaram restritos apenas à saúde pública. Uma de suas principais consequências foi a geração de uma crise financeira sem precedentes. O que já não vinha bem, com diversos indícios de que a economia estava patinando e demorando a se reerguer, ficou ainda pior.

Afetada na grande maioria dos seguimentos do mercado, a economia global estagnou. No Brasil, o desemprego aumentou consideravelmente. A recomendação amarga, mas assertiva e necessária, do fechamento de estabelecimentos comerciais, bem como as restrições quanto aos horários de funcionamento, contribuiu para a extinção de vagas de empregos formais.

A perda ou diminuição de renda levou a mudanças nos hábitos de consumo e obrigou aqueles que mantiveram seus ofícios a se adequar à nova realidade. Alguns empresários se viram obrigados a reduzir o quadro de funcionários, enquanto outros estão fazendo de tudo — alterando turnos e reduzindo salários — para não chegarem ao ponto de dispensar seus colaboradores.

Diante desse quadro, os analistas econômicos apontam, ainda, para o sempre pernicioso aumento da informalidade, isto é, do trabalho sem carteira assinada e sem direitos assegurados. Percebo isso no próprio entorno do Santuário de Nossa Senhora de Guadalupe e de Jesus das Santas Chagas, no Centro de Curitiba, em que muitas portas de comércios estão simplesmente fechadas ou ostentando placas com a inscrição "Aluga-se". Há, ainda, o visível aumento de vendedores ambulantes; alguns sempre tiveram seus pontos fixos e regulamentados, mas outros perambulam pelas calçadas, atentos à chegada da fiscalização.

A verdade é que ninguém esperava um revés de proporções tão grandes com a crise causada pelo novo coronavírus, e pouquíssimos estavam preparados com alguma reserva monetária. Todos foram pegos "de calças curtas", incluindo empresários, comerciantes, autônomos, funcionários e autoridades.

Muitas famílias em que marido e mulher perderam a fonte de renda encontram-se em situação de vulnerabilidade, chegando ao ponto de perder sua morada e tendo de se abrigar nas ruas com os filhos. É doloroso constatar essa realidade por meio dos pedidos de oração que recebo diariamente: "Padre, reze por nós: estamos desempregados, fomos despejados e não temos para onde ir…"

Um dos carismas da obra Evangelizar É Preciso é a caridade. Assim, atuamos de várias formas, e também em parceria com instituições, a fim de promover condições em que os cidadãos possam desenvolver suas capacidades. Também praticamos o assistencialismo, uma vez que a necessidade imediata da fome e da doença não pode esperar e precisa ser sanada. Neste contexto atual, vimos dobrar o número de famílias necessitadas.

Auxílio emergencial e seguro-desemprego são de grande valia, mas trata-se de paliativos com prazo para acabar. O Estado precisa fazer a sua parte e ir mais fundo, com políticas sociais que gerem emprego e renda.

Como já havia manifestado no *Combate espiritual: no dia a dia*, não há uma solução imediata para o problema da crise financeira; no entanto, a boa notícia é que o Deus do Impossível está pronto a nos socorrer nos momentos de grandes provações.

O trabalho dignifica e está nos planos de Deus

Na carta encíclica *Fratelli tutti* sobre a fraternidade e a amizade social, o Papa Francisco discorre:

> A grande questão é o trabalho. Ser verdadeiramente popular — porque promove o bem do povo — é garantir a todos a possibilidade de fazer germinar as sementes que Deus colocou em cada um, as suas capacidades, a sua iniciativa, as suas forças. Esta é a melhor ajuda para um pobre, o melhor caminho para uma existência digna.
>
> Por isso, insisto que "ajudar os pobres com o dinheiro deve sempre ser um remédio provisório para enfrentar emergências. O verdadeiro objetivo deveria ser sempre consentir-lhes uma vida digna através do trabalho".
>
> Por mais que mudem os sistemas de produção, a política não pode renunciar ao objetivo de conseguir que a organização de uma sociedade assegure a cada pessoa uma maneira de contribuir com as suas capacidades e o seu esforço. Com efeito, "não há pobreza pior do que aquela que priva do trabalho e da dignidade do trabalho".

Vale lembrar que o trabalho não passou a fazer parte da existência do ser humano depois do Pecado Original. Ele já estava presente antes como fator dignificante. Como vemos na história da Criação contada no Livro do Gênesis, no sexto dia o homem se dignifica por meio do seu trabalho e daquilo que ele produz — não de forma consumista, mas produzindo o que necessita. "Sede fecundos, multiplicai-vos, enchei a terra e submetei-a" (Gn 1, 28). Isto é, produzam, cresçam, prosperem, tenham muitos filhos e dominem a Terra.

Trabalhar é sinônimo de semear, cultivar, colher e, portanto, viver.

O trabalho como agente de desenvolvimento humano está no pensamento de Deus, da mesma maneira que é contra Seu pensamento toda forma de trabalho injusto, na qual o empregador fica rico e os empregados permanecem na miséria. Isso não é ser partidário da esquerda nem da direita; é ser cristão.

Qualquer pai que tenha mais de um filho certamente não gostaria de vê-los em situação de grande desigualdade, com um deles vivendo de forma abastada e o outro passando necessidade. Quanto mais Deus, em Sua infinita misericórdia! Isso significa que Deus não errou na Criação; Ele fez tudo para o acesso de todos.

É justo considerar que, em uma pandemia dessa magnitude, quando todos nós deveríamos estar do mesmo lado, lutando contra o inimigo comum, estão a serviço do próprio Diabo aqueles que, em vez de proteger as pessoas da contaminação, facilitando a disponibilidade de equipamentos necessários para a preservação da vida dos infectados, superfaturam respiradores, compram materiais com defeitos e cometem outras falcatruas para levar vantagem e encher os bolsos.

A honestidade é uma virtude enaltecida na Bíblia. Poderia citar muitas passagens sobre o assunto, porém quero destacar o exemplo de São José.

Ser responsável por um filho não é fácil para nenhum pai, então imagine para São José, que recebeu a missão de cuidar do Filho de Deus! Além disso, ele, o homem do silêncio, o justo, era conhecido pela sua profissão de carpinteiro (cf. Mt 13, 55), ou seja: não era alguém assaz poderoso do ponto de vista humano... Quando ele e Maria foram ao templo de Jerusalém para a apresentação do filho Jesus, ofereceram um par de rolinhas, as quais cabiam a quem não tinha grandes posses...

Não obstante, José era trabalhador e nada faltou aos seus familiares, mesmo diante dos contratempos que enfrentaram. Ao mesmo tempo, não pensou como muitos que se deixam levar pelas investidas do Inimigo: "Faço o que tiver de fazer para conseguir bens; afinal, estou com o próprio Deus, estou com Nossa Senhora." Não! Antes, soube agir com equilíbrio e ter discernimento quanto ao que era, de fato, fruto do seu trabalho, ou seja, em nenhum momento ele se envaideceu da condição de pai adotivo do Filho de Deus.

Trazendo esse exemplo para os nossos dias, como é importante, em plena pandemia, com toda a humanidade oprimida, aprender com São José que vale a pena ser honesto!

Filhos amados não fogem da luta

Outro ponto importante é que a recessão nos pressiona a desenvolver alguns princípios de educação financeira, a fim de equilibrar gastos e aprender de que forma é possível economizar. Fazer uma planilha para acompanhar a discrepância entre despesas e receitas pode ser uma excelente medida, identificando os pontos críticos. Parece banal, mas atitudes simples, como reduzir o tempo no banho, podem gerar menos gastos com energia elétrica, além de estimular uma maior consciência em relação à preservação de um recurso natural finito, como é a água.

Reconheço a grande dificuldade que é manter os planos e ser positivo quando se perde o trabalho, mas, como reforço sempre, não dá para ficar de braços cruzados. Se necessário, é preciso se reinventar, sair da zona de conforto e arriscar.

Alguns podem pensar: "Lá vem o padre! Para ele, falar é fácil, porque está em uma condição de vida boa." Essa é uma visão equivocada, pois todos os templos e associações também foram afetados pela crise. É da doação dos fiéis que vem os recursos para cumprir os compromissos, como pagamento de funcionários, manutenção do Templo, água, luz etc.

A título de estímulo, cito o testemunho de uma mãe de família que foi dispensada do trabalho já no início da pandemia. Ela contou que gostava de fazer doces e até já tinha terminado um curso de bombons *gourmet*, com sabores e recheios mais sofisticados, sem, porém, nunca ter colocado isso em prática. Então, decidiu investir uma parte do que recebera no acerto de contas e foi à luta. Para o Dia das Mães, criou os chamados "buquês de bombons". Fotografou seus produtos e publicou nas redes sociais. Também divulgou para os amigos do bairro, oferecendo entrega em domicílio, feita pelo marido que trabalha como autônomo. Foi um sucesso. Está conseguindo se equilibrar e já ampliou o cardápio. Já está pensando em contratar uma pessoa para ajudá-la.

Como essa empreendedora bem-sucedida, todos nós temos aptidões que muitas vezes deixamos de lado em prol de outras prioridades. Para quem optar por esse caminho, vale buscar orientação e legalização nos órgãos competentes. Insisto em que a internet tem sido uma excelente fonte de consulta — e não só para identificação de vagas de trabalho, mas também para dicas, cursos gratuitos, exposição de produtos, sem contar com as infinitas possibilidades de divulgação via marketing digital.

O importante é saber que a resposta pode não ser imediata. Ter de esperar quando se está no "sufoco" não é fácil, mas agitação e ansiedade não ajudarão. Se necessário, não hesite em aceitar alguma ocupação temporária, por mais simples que seja.

Como filhos muito amados que somos, não podemos fugir da luta, "pois Deus não nos deu espírito de medo, mas um espírito de força, de amor e de sobriedade" (2 Tm 1, 7).

Para rezar
Salmo 143

R.: **Libertai-me, ó Senhor, porque sois o meu refúgio.**
Ó Senhor, escutai minha prece,
ó meu Deus, atendei minha súplica!
Respondei-me, ó Deus fiel,
Para Vós minhas mãos eu estendo.

Fazei-me cedo sentir Vosso amor,
porque em Vós coloquei a esperança!
Libertai-me dos meus inimigos,
porque sois meu refúgio, Senhor!

Por Vosso nome e por Vosso amor
conservai, renovai minha vida!
Pela Vossa justiça e clemência,
libertai a minha alma da angústia,
pois sou Vosso servo.

Oração

Glorioso São José, a quem foi dado o poder de
Tornar possíveis as causas humanamente impossíveis,
Vinde ao nosso auxílio nas necessidades em que nos achamos.

Tomai sob vossa proteção a causa importante que vos confiamos.
Que ninguém possa jamais dizer que vos invocamos em vão.

(Apresentar as intenções)

Como tudo podeis junto a Jesus e Maria,
Mostrai-nos que vossa bondade é igual ao vosso poder.
São José, a quem Deus confiou o cuidado da mais santa família que houve na Terra,
Sede, nós vos pedimos, o pai e protetor da nossa
E impetrai-nos a graça de vivermos e morrermos no amor de Jesus e Maria.
São José, nosso protetor, rogai por nós.
Amém.

CAPÍTULO 8

COMO PERSEVERAR DIANTE DAS PERDAS SOFRIDAS

Perdas não são acontecimentos fáceis, e todos nós perdemos algo, nas diferentes áreas da nossa vida, com a pandemia da Covid-19.

Perdemos, no mínimo, a segurança e a liberdade, como me disse um senhor de 71 anos: "Estou cumprindo rigorosamente o distanciamento social, mas trabalhei a vida inteira para, na velhice, aproveitar um pouco. Então, deixar de dar continuidade aos meus projetos, por mais que seja para o meu próprio bem e o de quem me rodeia, gera um sentimento de perda. Ficar praticamente um ano recluso na minha idade é um tempo muito valioso que se vai."

Isso ainda é um sofrimento mais brando perto da angústia e da preocupação de hospitalizar um familiar ou amigo — e sem sequer poder ficar ao seu lado ou visitá-lo. Não me canso de dizer que médicos e enfermeiros têm atuado como verdadeiros anjos, tanto para os pacientes quanto para seus familiares.

Acima de tudo, nos casos mais drásticos, não há como mensurar a dor daqueles que enfrentam a perda de um ente querido.

Quando me questionam sobre o porquê da morte, sempre faço questão de reforçar que essa nunca foi a vontade de Deus. A morte é uma contingência humana, ou seja, faz parte da fragilidade do ser humano e entrou no mundo pelo Pecado Original. "Portanto, assim como por um só homem entrou o pecado no mundo, e pelo pecado a morte, assim também a morte passou a todos os homens, porque todos pecaram" (Rm 5, 12).

A cada dia, têm sido divulgados números alarmantes de óbitos causados pela Covid-19. Não se trata apenas de algarismos que engrossam as estatísticas, mas de seres humanos que tiveram sua trajetória e seus sonhos interrompidos! Eram pessoas amadas e que tiveram grande importância na vida de outras: avôs, avós, mães, pais, filhos, filhas, parentes, amigos...

A pandemia ainda nos levou a uma nova modalidade de vivenciar a perda dos entes queridos. Em razão do perigo de contaminação, mudou-se o padrão de velar e sepultar os mortos, estejam acometidos ou não pela doença. As despedidas transcorrem de forma rápida e restrita, pois aglomerações são desaconselhadas. Por outro lado, sabemos que é terapêutico velar por uma noite nossos falecidos, chorar, receber o apoio e a solidariedade dos amigos e, depois, enterrá-los. Esse padrão nos ajuda a fechar um ciclo, enquanto sua ausência pode aumentar o estresse e agravar os sentimentos de angústia, dor e separação.

Aproveito para enfatizar algumas dicas dos especialistas no tratamento das perdas sofridas, em especial em contexto de pandemia:

1) Não se deve adiar o luto nem tentar evitar as emoções ligadas a ele, mergulhando em atividades diferentes para não pensar no assunto. Aceite que o luto precisa ser vivido. Chorar faz parte e é benéfico. As lágrimas ajudam a liberar o estresse acumulado e colocar toda a dor para fora. O luto tem suas fases adaptativas que nos levam, ao final, à aceitação da perda, e até mesmo à ressignificação da vida.

2) Não se isole. E aqui não se trata do recomendado distanciamento social, mas do isolamento de contato. Afastar-se do convívio presencial não significa distanciar-se emocionalmente. Portanto, é imprescindível procurar familiares e amigos, ainda que pelos meios on-line. Com esse suporte, o processo do luto torna-se mais brando.

3) Respeite o próprio tempo. O luto passa por várias fases e engloba sentimentos de negação, raiva, revolta, culpa, impotência e medo até chegar à aceitação.

4) Procure desenvolver tarefas que tragam ânimo e prazer, mas sem a ânsia por apagar a dor.

5) Valorize o autocuidado. Não descuide da saúde física e emocional.

6) Ao notar que está vivendo um processo patológico, em que o sofrimento é desordenado e perturbador a ponto de impedir atividades cotidianas, sempre procure ajuda especializada.

Mantenha acesa a chama da vela

Embora a morte seja a única certeza que temos na vida, algo inevitável, até então estávamos acostumados a só pensar na finitude quando essa realidade nos atingia com a perda de uma pessoa querida. Mas, na pandemia da Covid-19, esse assunto passou a rondar nossos pensamentos com mais frequência. O medo iminente de ser contaminado e de sofrer as consequências que a doença traz, bem como da perda de alguém próximo, passou a fazer parte do nosso dia a dia.

Nossa vida na Terra pode ser comparada à chama de uma vela. Com o tempo, a vela se consome, assim como a nossa vida. E, da mesma forma como a finalidade da vela é iluminar, o objetivo primordial da nossa vida é iluminar com a luz de Cristo.

Saber que nossa vida é finita tem o poder imenso de fazer com que valorizemos o tempo de nossa estada aqui.

Esses dias alguém me disse: "Viver é tão bom! Morrer é um desperdício!" Realmente, a vida é um dom valioso de Deus, mas devemos olhar para a morte também como um dom, sob a ótica da Ressurreição de Cristo.

Se tudo se resumisse a este tempo de vida que experimentamos aqui, seria mesmo algo desalentador. Para quem pensa: "Viveu, morreu, virou pó, acabou", trata-se de um caminhar triste e sem perspectiva.

Quando, porém, Jesus entrou em nossa história e Se aproximou da humanidade, tirou-nos da cegueira e acabou com aquilo que Deus não queria: a morte. Foi para vencê-la que Jesus Cristo entrou no mundo. "A morte é transformada por

Cristo. Jesus, o Filho de Deus sofreu também Ele a morte, própria da condição humana. Todavia, apesar de seu pavor diante dela, assumiu-a em um ato de submissão total e livre à vontade de seu Pai. A obediência de Jesus transformou a maldição da morte em bênção" (*Catecismo da Igreja Católica*, 1009).

A morte teve um autor, o Diabo. Então, quando a experimentou, Cristo a rompeu e trouxe de volta a primeira Criação. Nós recuperamos a qualidade de filhos co-herdeiros da graça. Como afirmou o apóstolo Paulo: "E, se somos filhos, somos também herdeiros; herdeiros de Deus e co-herdeiros de Cristo, pois sofremos com ele para também com ele sermos glorificados" (Rm 8, 17). Portanto, o que nos espera é um lindo Céu: Deus. Essa é a nossa fé. A ressurreição é a chama da vela que será reacesa.

Deixe-se inundar pela esperança

Não há dúvidas de que é muito doloroso perder alguém, mas cabe perguntar: o que nos sustenta? O que podemos fazer?

Uma das comemorações mais antigas da Igreja Católica, o Dia de Finados, que vem sempre depois do Dia de Todos os Santos, leva-nos a rezar ainda mais pelos que partiram. É um dia sensível, que vem acompanhado de recordação, saudade, ternura; e, é claro, desperta certa tristeza, principalmente para quem está vivenciando essa experiência pela primeira vez. No entanto, é também um momento que nos inunda de esperança.

Sempre digo que, em relação aos mortos, temos de cultivar lembranças positivas — por exemplo, as batalhas que venceram e quanto eram pessoas de fé. Sobretudo, não podemos nos angustiar e pensar: "Acabou." Nada disso! Nós encontraremos e reconheceremos aqueles que amamos, pois somos a religião do amor. A perda sofrida deve ser assim transmutada em um "até breve"; e, quando o momento assim chegar, nosso reencontro será muito festejado, sem haver lugar para choro e tristeza.

Até que esse dia chegue, é oferecida a nós a possibilidade de rezar pelos que partiram, graças ao que chamamos de Comunhão dos Santos. "Em virtude da Comunhão dos Santos, a Igreja recomenda os defuntos à misericórdia de Deus e oferece em favor deles sufrágios, particularmente o santo sacrifício eucarístico" (*Catecismo da Igreja Católica*, 1055).

Na oração da Ave-Maria, pedimos à Mãe de Deus que interceda por nós "agora e na hora de nossa morte". "Agora", ou seja, no momento da perda, do medo, da incerteza. A Mãe de Deus sabe compreender a dor, especialmente aquela das mães que perdem seus filhos. Maria nos ensina a lidar com esse grande sofrimento.

Nossa Senhora também sabe que a espada da dor colocada em seu coração pela morte de Jesus está igualmente cravada no coração de quem perdeu seus entes queridos. Ela nos ensina a não negar o sofrimento, pois ele pode nos levar à maturidade da fé — ela que, aos pés da Cruz, quando todo o cenário era de derrota, fracasso, e silêncio, não fraquejou, não duvidou. Com certeza, naquele momento, Maria chorou a perda do Filho. As cenas de sua vida com Jesus devem ter passado diante de seus olhos.

Ao ver Jesus, fruto do seu ventre, todo inchado, chagado, com a carne dilacerada, todo ensanguentado, Nossa Senhora deve ter experimentado uma sensação de impotência, mas permaneceu de pé, observando o Filho inocente no madeiro. Imagino que seu olhar dizia a Jesus: "Filho, todos Te abandonaram, mas a Tua Mãe está aqui. Se é inevitável a Tua morte, e não posso mudar isso, eu estou aqui e me uno a Ti em oferta ao Pai!" Acredito, sem sombra de dúvida, que Maria diga o mesmo para mim e para você: "Filho, filha, no teu calvário eu estou contigo. Eu estou te olhando. Estou de pé, ao teu lado. Se o teu sofrimento é inevitável, assim como estive com meu Filho Jesus, eu estou aqui."

Quer consolo maior que este?

Para quem crê, sabe esperar e manter-se em pé, como Maria, definitivamente a morte não é o fim, mas apenas uma passagem para a vitória final.

Para rezar
Salmo 31

R.: Libertai-me e protegei-me, ó meu Deus!
Senhor, eu ponho em Vós minha esperança;
que eu não fique envergonhado eternamente!
Porque sois justo, defendei-me e libertai-me,
inclinai o Vosso ouvido para mim;
apressai-Vos, ó Senhor, em socorrer-me!

Eu que dizia quando estava perturbado:
"Fui expulso da presença do Senhor!"
Vejo agora que ouvistes minha súplica,
quando a Vós eu elevei o meu clamor.

Amai o Senhor Deus, seus santos todos,
Ele guarda com carinho seus fiéis,
mas pune os orgulhosos com rigor.
Fortalecei os corações, tende coragem,
todos vós que ao Senhor vos confiais!

Oração

Senhor Jesus das Santas Chagas,
Vós dissestes: "Vinde a mim, todos os que estão
 cansados e sobrecarregados, e eu vos aliviarei."
Estou aqui, Senhor, preciso de Vós.
Confiante, abandono-me em Vossos braços e
Vos entrego todas as minhas preocupações.
Divino Pastor, cuidai de mim e de todo o Vosso
 rebanho.
Tirai de cada um a ansiedade.
Ajudai-nos, Senhor, a manter os pensamentos no que
 é bom.
Acalmai nosso coração,
Curai nossos traumas e emoções,
Iluminai nossas ações,
Inspirai nossos sentimentos,

Cobri-nos de força e paciência.
Senhor, pelas Vossas Santas Chagas, libertai-nos da angústia,
Concedei-nos a graça da serenidade confiante
E dai-nos a Vossa paz.
Amém.

CAPÍTULO 9

ENFRENTANDO OS MALES FÍSICOS E PSICOLÓGICOS CAUSADOS PELA PANDEMIA

O novo coronavírus exigiu cuidados para conter a disseminação do contágio. No entanto, o distanciamento social gerou desafios que levaram à manifestação de outras doenças. Muitos pacientes, por desinformação ou por medo de sair de casa, decidiram por conta própria interromper a rotina de cuidados médicos, agravando os problemas que já possuíam.

Neste ponto, é muito importante reforçar que Deus nos criou para a felicidade e para a vida plena.

O que isso quer nos dizer?

Nosso fim último é viver diante de Deus no Céu, sem qualquer tipo de inconveniente, tristeza, dor... Portanto, as enfermidades, as dores e os sofrimentos são contingências da nossa fragilidade, ou seja, fazem parte da condição humana na Terra e muitas vezes são consequência de nossas próprias escolhas.

Dito isso, chamo a atenção para um equívoco muito recorrente: culpar Deus quando as enfermidades nos abatem.

Não!

Sempre insisto em afirmar que nenhum mal é de Sua vontade.

Assim, as doenças não podem ser entendidas por nós como castigo. Não se trata de ser masoquista e gostar de sofrer, mas de enxergar a realidade como ela é: as tribulações, incluídas as enfermidades surgidas de uma hora para outra, são vicissitudes. Quando isso acontece, é claro que sofremos um baque, perdemos o chão e, muitas vezes, não sabemos como lidar com a situação. Mas é aí que entra a fé.

A fé ensina que, mesmo nas maiores tribulações, a graça está presente. É pela fé que damos sentido para as doenças e sofrimentos, porque elas só terão sentido se não forem vistas como algo inútil, vazio — como se se tratasse da dor pela dor.

A profecia de Isaías sobre o servo sofredor nos dá a dimensão do gesto redentor de Jesus e de quanto somos amados por Deus: "Em verdade, ele tomou sobre si nossas enfermidades e carregou os nossos sofrimentos: e nós o reputávamos como um castigado, ferido por Deus e humilhado. Mas ele foi castigado por nossos crimes e esmagado por nossas iniquidades; o castigo que nos salva pesou sobre ele; fomos curados graças às suas chagas" (Is 53, 4-5).

O sofrimento nos aproxima de Jesus, e é n'Ele que devemos colocar nossa confiança. É somente com Ele e n'Ele que conseguimos redimensionar a experiência dolorosa do sofrimento e saímos vitoriosos. O Senhor é nosso parceiro de caminhada, nosso Bom Samaritano, nossa força e segurança. Ele é o vencedor da morte e prometeu estar conosco até o fim.

Crise espiritual e um risco da tristeza maior

Neste tempo de instabilidade, a tristeza vem tomando proporções devastadoras na vida de muitos. E ela não deve ser considerada um mal apenas em si, mas também fonte de vários outros males.

Para São Tomás de Aquino, a acídia é o tédio ou a tristeza em relação aos bens interiores e aos bens espirituais. Essa "melancolia" possui desdobramentos que vão muito além do impacto sobre o desejo de agir e de realizar: ela pode ou não adquirir a forma de enfermidades, variações de humor e temperamento, e até de pecado.

Ainda segundo o Doutor Angélico, a ansiedade é também uma espécie de tristeza, a qual agrava o ânimo de modo a não deixar nenhum refúgio.

Diz o Livro do Eclesiástico: "Não te deixes dominar pela tristeza e nem te aflijas com teus pensamentos. A alegria do coração é a vida do homem, a alegria do homem aumenta os seus dias" (Eclo 30, 21-22).

Existem muitas doenças físicas, assim como patologias psíquicas e espirituais, que tornam as pessoas tristes. Não me refiro àquelas tristezas pontuais, que nos fazem ficar recolhidos em razão de perdas, separações, traições. Nesses casos, deve-se vivenciar o luto em oração, até que as dores se curem. Quando não o fazemos, o desassossego aumenta e estoura lá na frente.

Enfatizo, portanto, que a tristeza originada pelas perdas possui um caráter pontual, isto é, tem começo, meio e fim. Trata-se de um processo saudável, ainda que implique momentos de grande sofrimento. É o que ocorre, na pandemia, em razão do medo e de todas as suas consequências. Ela teve um começo, estamos passando pelo seu meio e, com a graça de Deus, chegaremos ao fim dessa situação.

Agora, adentremos o terreno da tristeza prejudicial, aquela que corrói o nosso bem-estar — às vezes de forma silenciosa — até se instalar definitivamente. Está diretamente relacionada à nossa ansiedade em relação ao que virá. Hoje estamos bem, mas nós mesmos criamos um imperativo futuro e não vivemos o presente. Como será o amanhã? Melhor? Pior?

Os adeptos das promessas de Ano-Novo ficarão bravos comigo, mas o que deve nos motivar não é o que nos trará alegria no ano que vem. Isso nos faz gastar muito tempo da vida em função de uma espera, abrindo espaço para o que eu chamo de "síndrome da tristeza pela frustração". Ou seja, não atingimos nossos objetivos e, ao mesmo tempo, não conseguimos vivenciar um prazer "próximo". Nesse ramerrão, acabamos permitindo, aceitando e, muitas vezes, até cultuando a própria tristeza ou melancolia. É o culto da dor, o sofrimento pelo sofrimento, a tal "sofrência".

Muito comum a quem sofre dessa tristeza é o fenômeno do individualismo; em outras palavras, a nossa dor passa a ser maior que a dos outros. Até mesmo nossas orações, nesse caso, tendem a ser egoístas.

Não estou dizendo que não temos de chorar diante de Deus. Sim, as lágrimas são um jeito humano de rezar. Tão humano que Jesus também sofreu e rezou — chegando a suar sangue no Horto das Oliveiras! No entanto, quando há esse vazio, a tristeza age como uma cárie que corrói a nossa alma. Ela vai lançando raízes e fornecendo substratos, nutrientes, para a angústia e para a depressão. E nunca devemos subestimar um quadro depressivo nem seus efeitos. Trata-se de uma doença grave, pela qual ninguém escolhe passar. Por isso, temos sempre de pedir que o Senhor das Santas Chagas nos livre dela e liberte quem a está experimentando.

Não quero me aprofundar no risco de suicídio — o que pode até soar como um paradoxo quando a humanidade inteira teme pela própria vida em razão da infecção pela Covid-19 —, mas não é incomum encontrarmos pessoas imersas em uma tristeza tão grande que fazem planos de acabar com a própria vida. É importante enfatizar que não se trata do desejo de morrer, e sim de acabar com esse sofrimento, que é diabólico e não vem de Deus. Consumir tempo e energia buscando mecanismos de abreviar a vida, esta sim um dom de Deus, como já vimos em outras obras minhas, denota uma tristeza semeada pelo mal. É preciso reagir antes de atingir esse estágio!

Mas como?

Primeiramente, buscando tratamento para o corpo e para a alma. Afinal, uma ferida não curada infecciona.

Ao mesmo tempo, temos de emergir da tristeza e mergulhar na fonte da vida: Deus. Ninguém pode morar na tristeza.

Trocando em miúdos, é preciso erguer-se, e aqui deixo algumas dicas:

1) Não viva em função do que está por vir; encontre uma razão para viver hoje.
2) Estabeleça momentos de alegria mais próximos; acorde de manhã com um motivo para se levantar da cama.

3) Mesmo em isolamento, trabalhe em casa e arrume-se para você mesmo.
4) Cuide para não proferir frases de infelicidade e tormento (evite reproduzir palavrões, maldições etc.), pois isso só reforça o pessimismo e o negativismo. Não sejamos profetas da desgraça.
5) Não se deixe levar pela obrigação de corresponder às expectativas alheias. A conta "daquilo que os outros vão pensar" é muito cara. Jesus nunca se preocupou em fazer algo buscando estritamente a aprovação alheia: caso contrário, não teria feito nada. Mas se equivoca quem imagina que isso significa apertar o botão do "dane-se!". O limite da liberdade é a compaixão e o respeito pelo próximo, a quem Jesus amou acima de tudo. Ele era livre, sim, porém esse estado vinha acompanhado de maturidade. Cristo não agia para impressionar ou satisfazer o próprio eu. Aliás, quanto mais somos reféns do nosso ego, mais buscamos a aprovação dos outros.

Acima de tudo, para vencer o mal da tristeza é necessária a alegria da esperança.

A esperança é a grande e fundamental virtude para combater a tristeza e superar os momentos de incertezas. Como dizem os jovens, ela "dá um gás", uma energia motivacional à nossa vida.

A esperança cristã, ademais, está fundamentada na ressurreição de Nosso Senhor Jesus Cristo. Como salientou o Papa Francisco em uma de suas homilias de Vigília Pascal: "Nesta noite, conquistamos um direito fundamental, que não nos será tirado: o direito à esperança. É uma esperança nova, viva, que vem de Deus. Não é mero otimismo, não é uma palmada nas costas nem um encorajamento de circunstância." Na ocasião, o Sumo Pontífice nos lembrou de que essa esperança "é um dom do Céu, que não podíamos obter por nós mesmos".

Disse, ainda, o Santo Padre: "Tudo correrá bem: repetimos com tenacidade nestas semanas, agarrando-nos à beleza da nossa humanidade e fazendo subir do coração palavras de encorajamento. Mas, à medida que os dias passam e os medos crescem, até a esperança mais audaz pode desvanecer. A esperança de Jesus é diferente. Coloca no coração a certeza de que Deus sabe transformar tudo em bem, pois até do túmulo faz sair a vida."

Precisamos muito dessa virtude para a superação de tudo o que estamos vivendo. A esperança bíblica é anunciada justamente em meio à desolação e nos ajuda a vislumbrar um futuro melhor, como nos recomenda a Carta aos Hebreus: "Guardemos firmemente a esperança da fé que professamos, pois podemos confiar que Deus cumprirá as suas promessas" (Hb 10, 23).

A esperança nos leva à certeza de que a tempestade vai passar e tudo vai dar certo!

Combatendo o medo e seus tentáculos

A crise sanitária da Covid-19 está causando outra igualmente perigosa: a crise do medo.

Contribuem para isso o isolamento ou o distanciamento das pessoas queridas, a perda da liberdade de ir e vir, as inseguranças diante do desconhecido e de um cenário que pode mudar a cada dia. Vive-se um sobe e desce de emoções que gera estresse, angústia e ansiedade, levando ao processo de somatização, quando o desequilíbrio psíquico afeta também o funcionamento de diversos órgãos do corpo. É comprovado que os fatores críticos relacionados à mente podem ter consequências físicas: as chamadas doenças psicossomáticas, como alergias, inflamações e dores.

Engana-se quem imagina tratar-se de um mal que atinge somente os adultos. Uma das crianças da minha família, nesse tempo de isolamento, apresentou um problema na pele que não havia pomada capaz de resolver. Então, os pais não hesitaram em fazer uma consulta on-line com um psiquiatra adepto da homeopatia. Após uma longa conversa, o médico conseguiu que a criança verbalizasse suas fragilidades e inseguranças, o que ajudou a resolver o problema.

Assim, caso você ou alguém da sua família estejam passando por esse problema, não tenham receio de procurar ajuda profissional.

Vale reforçar, contudo, que não ter medo de nada não é normal. Trata-se de uma emoção primária, inata, que faz parte de cada um de nós desde que nascemos. E não é exclusividade do ser humano, pois todos os animais sentem medo por instinto. Consiste, de fato, em algo que, na dose certa, nos protege. Porém, quando exacerbado, torna-se um fator patológico e diabólico, porque nos paralisa.

Repito que a situação de pandemia, que inclui o receio de ser contaminado e a insegurança econômica, é um fator agravante para que o medo saia de controle e sejamos dominados por ele. O problema existe, é real e ronda nossos lares, mas não podemos nos isolar ainda mais, criando um reduto interior tão inacessível que nos impeça de amar e sermos amados. Não podemos nos fechar como uma ostra!

Sobretudo, não podemos ter medo... de Deus! Todo medo de Deus é pernicioso e impede o crescimento espiritual. Não é um bom relacionamento com Aquele que Jesus revelou como um Pai misericordioso.

O grande desastre está em que o medo age em uma região onde o Fedorento faz a festa: nossa vida interior. A primeira coisa que ele nos tira é a fé, impossibilitando a experiência do amor divino. O medo de errar, por exemplo, não nos permite ousar na fé e deixar a casca do "homem velho" em busca da semente do "homem novo".

Na Parábola dos Talentos, à qual sempre gosto de retornar, Jesus ilustra essa paralisia provocada pelo medo ao contar sobre o patrão que confiara moedas aos seus três empregados conforme suas capacidades e talentos. Enquanto os dois primeiros multiplicaram seus valores e obtiveram a promessa de receber uma quantia ainda maior, o terceiro, por medo de perder o dinheiro recebido, acabou por enterrá-lo e foi punido pelo patrão. Teve de entregar a quantia ao empregado que obtivera maiores proventos e foi jogado nas trevas exteriores, onde há choro e ranger de dentes (cf. Mt 25, 14-30).

Agora, reflitamos: qual a probabilidade de errarmos ao agir? É grande.

Porém, o que importa é agir querendo acertar.

Deus quer que multipliquemos os talentos que Ele nos confia, e não que tenhamos medo d'Ele. Certamente, temos de ser humildes e usar os dons recebidos a Seu serviço, mas não podemos nos dar o direito de, por medo, aniquilar o que o Senhor nos entregou. Isso é uma desonestidade com o Criador.

A cura pela experiência do amor de Deus

Entre tantas técnicas e terapias existentes para a cura do medo, quero abordar a mais poderosa de todas: a experiência do amor de Deus. Não nos esqueçamos de que Ele nos amou primeiro (cf. 1 Jo 4, 19); e, enquanto não fizermos essa experiência, não seremos curados.

Já sabemos que o medo vem do Diabo e que o amor vem de Deus. Para sermos bem didáticos, podemos contrapor essas duas forças da seguinte forma:

Diabo	*Deus*
Atrai para o mal	Conduz para o caminho do bem
Leva ao aprisionamento	Leva à renovação
Faz reféns das más inclinações	Vence a vida de pecado

"Depois disto, que nos resta dizer? Se Deus está conosco, quem estará contra nós? Quem não poupou o Seu próprio Filho e O entregou por todos nós, como não nos haverá de agraciar em tudo junto com Ele?" (Rm 8, 31-32).

Na companhia de Deus, na experiência do Seu amor, podemos superar todo e qualquer receio do futuro e passamos a confiar na Providência Divina. Então a incerteza do futuro não causará temor. Os santos experimentaram isso. Os bem-aventurados se valeram desse amor para vencer as intempéries.

Por outro lado, o distanciamento de Deus leva as pessoas ao desespero e à angústia. Eis por que o que mais apraz ao Diabo é minar nossa confiança em Deus.

Sem dúvida, ainda são tempos de incertezas, inseguranças e dificuldades diante das consequências da pandemia. Mas também é tempo de esperança, de se reinventar e seguir em frente. Não deixemos o medo boicotar nossos projetos pessoais. Mesmo que esses projetos não sejam bem-sucedidos, vale arriscar com Deus!

Aliás, Ele nos oferece uma receita muito simples e eficaz, inteiramente ao nosso alcance, quando fala a Josué, mas também a todos nós: "Você nunca será derrotado. Eu estarei com você como estive com Moisés. Nunca o abandonarei. Seja forte e muito corajoso. Tome cuidado e viva de acordo com toda a Lei que o meu servo Moisés lhe deu. Não se desvie dela em nada e você terá sucesso em qualquer lugar para onde for. Fale sempre do que está escrito no Livro da Lei. Estude esse Livro dia e noite e se esforce para viver de acordo com tudo o que está escrito nele. Se fizer isso, tudo lhe correrá bem, e você terá sucesso. Lembre-se da minha ordem: 'Seja forte e corajoso! Não fique desanimado, nem tenha medo, porque eu, o Senhor, seu Deus, estarei com você em qualquer lugar para onde você for!'" (Js 1, 7-9).

Então, em vez de ficarmos paralisados pelo medo, sigamos esse programa traçado por Deus:

1) *Não desvie do caminho*

O caminho do Senhor é o caminho do amor, da justiça, do perdão, do bem, da fé, da comunhão, da fraternidade, da gratidão e da fidelidade. É o caminho de quem não negocia os princípios e os valores do Reino.

2) *Estude a Lei*

Estude a Palavra de Deus dia e noite. "Estudar"... Gosto dessa palavra, que é muito mais que meditar; significa aprofundar-se em uma matéria que nem sempre é fácil de assimilar. Lembro-me das aulas de química e daquela tabela periódica: como era difícil! Mas tínhamos de aprender... Assim deve ser com a Palavra de Deus: estudar dia e noite, esmiuçar, aprender e refletir sobre ela.

3) *Esforce-se para viver de maneira consequente*

Para ter sucesso, ter felicidade, ser uma pessoa realizada, esforce-se em viver tudo de acordo com os ensinamentos do Senhor. Isso não deve ser apenas uma intenção, mas algo a se executar de forma permanente, como ato de fé. Trata-se de se deixar conduzir por Deus, por meio de Sua Palavra, a fim de, à luz divina, saber conduzir a própria vida e ter liderança.

4) *Seja forte*

É do Senhor que vem a força. Ele nos capacitará, como fez a Josué, com a força interior necessária para enfrentar e vencer qualquer batalha.

5) Tenha coragem

Ao saber o que Deus é capaz de fazer na sua vida, sua coragem aumenta e você se torna capaz de lutar e começar de novo.

6) Não desanime

O Senhor está no controle de tudo. Confie.

7) Não tenha medo

O Senhor está em todos os caminhos. Como as coisas podem não correr bem? Basta ter visão sobrenatural.

Tudo isso é ordem do Senhor, que pede de cada um de nós um processo de conversão e transformação. Deixemos, pois, essa "receita do sucesso" nortear nosso futuro pela construção do nosso agora.

Superando os famigerados vícios

Como não cansamos de recordar, a pandemia da Covid-19 e suas consequências impactaram a saúde mental de muitas pessoas, contribuindo para o aumento de vícios já existentes ou para o surgimento de outros.

Algumas válvulas de escape e tentativas de fuga são as bebidas alcoólicas, o cigarro e a compulsão por comida. A grande maioria das pessoas não vê nesta última um vício, mas, no fundo, o que começa como compensação e fonte de prazer acaba por trazer complicações — a exemplo de qualquer tipo de dependência.

Gostaria de recuperar, aqui, um excerto do livro *Combate espiritual: no dia a dia*:

> Embora certos vícios estejam associados a enfermidades que podem ser hereditárias — e tenho insistido nesse aspecto no caso do alcoolismo —, a dependência física, mental e espiritual pode ser equiparada à escravidão: cada um se torna escravo daquele que o domina (cf. 2 Pd 2, 19b), com o agravante de tratar-se, aqui, de uma escravidão voluntária, pois sempre temos a opção de enveredar por esse caminho ou não. Em outras palavras, é sempre o nosso "sim" que inicia todo tipo de vício.
>
> Ao dizermos esse "sim" com frequência,

nossos desejos se tornam ídolos aos quais passamos a servir, embora, a princípio, tenhamos a ilusão de que nós os controlamos. Sem perceber, vamos criando em nosso íntimo altares para esses ídolos do escapismo e do proveito imediatista — prazer, sentimento de poder, alívio da dor, conforto, autoimagem melhorada —, que são cultuados e "acessados" por meio de substâncias e práticas como álcool, drogas, sexo, comidas, jogos, entre outras. Com o passar do tempo, fica cada vez mais difícil obter aquilo que se deseja. O organismo do dependente químico, por exemplo, torna-se progressivamente menos sensível à ação de determinada substância e precisa de uma dose cada vez maior para alcançar o mesmo efeito. Isso aumenta a sensação de desespero e o faz colocar o ídolo como prioridade em sua vida, acima da família, dos amigos, de si mesmo e até de Deus. Por trás desse comportamento há a presença silenciosa de Satanás, que aprisionou o dependente com a isca do prazer momentâneo e passa a exercer poder sobre ele.

Portanto, devemos sempre recordar a recomendação de Jesus: "Velai sobre vós mesmos, para que os vossos corações não se tornem pesados com o excesso do comer, com a embriaguez e com as preocupações da vida; para que aquele dia não vos apanhe de improviso" (Lc 21, 34).

Como manter as drogas longe de casa?

Nos momentos críticos da vida, a fé funciona como uma ponte que nos permite passar sobre o precipício do desespero. Muitos se sentem subjugados, esmagados e incapazes de reagir diante de um parente que está se drogando.

Em pouco tempo, veem aquela pessoa querida se transformar e chegar ao fundo do poço, onde não há luz nem espaço suficiente para continuar cultivando seus sentimentos e princípios.

Com a mente alterada e o coração envenenado pelo efeito dos entorpecentes, esse parente comete gestos abomináveis justamente contra aqueles que estão mais próximos. Os familiares deixam de ser pessoas amigas para se tornarem empecilhos entre a droga e a sua necessidade de possuí-la. Por outro lado, ao tentar prover as necessidades desse dependente, a família se vê em uma situação de codependência.

O crescente número de pessoas viciadas em álcool, cigarro, remédios e drogas ilegais tornou-se um problema de saúde pública que está presente em todas as classes sociais. Muitos jovens são atraídos para as armadilhas das drogas sem se darem conta de que em pouquíssimo tempo isso se tornará o pior de seus pesadelos.

A facilidade que existe para adquirir substâncias tóxicas é preocupante. Por isso, cabe aos pais orientar seus filhos para nunca darem o primeiro passo em direção ao vício, não importa qual seja a desculpa ou a técnica de sedução.

De fato, os responsáveis devem prestar atenção às mínimas mudanças de comportamento de seus filhos. Devem amar com fervor, sem fazer julgamentos, sobretudo aquele que se mostra mais rebelde, pois certamente essa é a forma que ele encontrou de pedir atenção e amor.

Quando o vício já se instalou, a família pode ajudar acolhendo o dependente, tentando identificar e evitar os gatilhos que o levam a esse quadro. Os mais próximos precisam estar atentos e bem amparados para terem condições de ajudar esse indivíduo a se libertar dessa escravidão.

Enfatizo que Deus pode mudar qualquer realidade e fazer acontecer um milagre em nossas famílias. Só precisamos dizer "sim", abrir as portas do coração e ser a mão estendida para aqueles que estão no fundo do poço.

Consciência e decisão

Admitir ter o problema é sempre o primeiro passo para superá-lo. Quer começar a viver de verdade? Comece pela tomada de consciência, reconhecendo todas as maneiras pelas quais o vício prejudica sua saúde e seu bem-estar.

Na prática, pegue uma caneta e uma folha de papel, reflita honestamente e crie uma lista que inclua todos os efeitos negativos manifestados sobre você desde que o vício surgiu. Anote tudo, sem exceções.

Anote também como ele o afeta mentalmente, bem como seus relacionamentos. Essa lista de motivos negativos vai servir como incentivo para você lutar e abandonar o vício.

Finalmente, você pode escrever uma carta de desistência:

Eu, _____, declaro que a partir de hoje largarei o meu vício. Estabelecerei metas e objetivos, identificarei meus gatilhos e reconhecerei que eles me enfraquecem.

Procurarei ajuda de profissionais especializados.

E, principalmente, tratarei minha alma.

Eu estou desistindo desse vício. Desisto, porque quero ser respeitado pela minha família e pelos meus amigos.

Certo da graça de Deus, sou dono da minha vida. Não sou refém das minhas paixões. Não sou só sentimentos. Tenho poder sobre meus desejos e escolhas.

Por isso, com a graça de Deus, eu posso vencer esse vício que me domina. Acredito em Deus e confio em Sua graça agindo em mim.

Tenha certeza de que a graça de Deus é imensa e de que dentro de nós existe uma força maior do que podemos imaginar. Repita sempre: "Eu sou dono da minha vontade. Sou dono da minha vida, que me foi dada por Deus, e, com a Sua graça, mando embora todos esses desejos ruins. Essa é minha escolha!"

Acredite em você. Deus acredita!

Para rezar
Salmo 41

R.: Curai-me, ó Senhor, e guardai-me são e salvo.
Feliz de quem pensa no pobre e no fraco:
o Senhor o liberta no dia do mal!
O Senhor vai guardá-lo e salvar sua vida,
o Senhor vai torná-lo feliz sobre a Terra,
e não vai entregá-lo à mercê do inimigo.

Deus irá ampará-lo em seu leito de dor,
e lhe vai transformar a doença em vigor.
Eu digo: "Meu Deus, tende pena de mim,
curai-me, Senhor, pois pequei contra Vós!"

Vós, porém, me havereis de guardar são e salvo
e me pôr para sempre na Vossa presença.
Bendito o Senhor, que é Deus de Israel,
desde sempre, agora e sempre. Amém!

Oração

Senhor Jesus das Santas Chagas, meu Deus e Salvador!
Concedei-me força para vencer minhas dificuldades.
Estendei a Vossa misericórdia sobre mim
E sobre todos os que estão fragilizados pela insegurança.
Temernos tantas coisas, Senhor!
Assusta-nos a possibilidade das doenças, do desemprego, da violência, da solidão...
Ajudai-nos a lutar contra o desânimo.
Curai-nos dos medos que nos oprimem.
Renovai em nós a confiança.
Firmai nossa esperança.
Aumentai a nossa fé.
Não permitais, Senhor, que tenhamos um espírito de covardia,
Mas de força, amor e sabedoria.
Senhor das Santas Chagas, nós acreditamos no Vosso poder.
Libertai-nos, transformai-nos, fortalecei-nos.
Amém.

CAPÍTULO 10

O DIA DEPOIS DE AMANHÃ

O dia seguinte a algum fato trágico, o "amanhã", é sempre penoso, pois trata-se do momento de parar e assimilar o ocorrido. Com isso, nosso coração se enche de tristeza, bate o desespero, o sentimento de desânimo, a falta de vontade de lutar e de continuar... Foi assim que a maioria de nós se viu na passagem pela pandemia da Covid-19.

Deus, porém, é categórico: não podemos parar no dia seguinte, porque o Senhor preparou para nós "o dia depois de amanhã". Refiro-me ao primeiro dia de um tempo de renovação, de esperança e de confiança em Deus, que revelou em Jesus Cristo a Sua face e o Seu amor.

Para mergulharmos nisso, escolhi duas passagens do Evangelho que têm em comum fatos ocorridos exatamente no "dia depois de amanhã". Eles nos ensinam que, mesmo em tempos difíceis, é possível vislumbrar uma vida nova em Cristo. Vejamos.

Jesus morreu na sexta-feira. Passou-se o sábado (dia seguinte). Então, no primeiro dia da semana, isto é, no domingo (o dia depois de amanhã), Maria Madalena foi ao túmulo do Senhor e o encontrou vazio (cf. Jo 20, 1-18).

Maria Madalena tinha um amor profundo por Jesus, surgido de uma grande libertação. Pense em uma pessoa acometida pelos tormentos de sete demônios! Se um só já faz um grande estrago, imagine sete! E ela superou tudo ao experimentar uma vida nova em Jesus, o Nazareno. Na sua vida, concretizou-se o que disse São Paulo: "Onde abundou o pecado, superabundou a graça." Após ter vivido a escravidão, o aprisionamento dos sete espíritos maus, Maria Madalena experimentou a presença de Deus, que lhe devolveu o sentido de viver.

Isso a tornou demasiadamente devotada a Jesus, a Quem ela chamava de *Raboni*, ou seja, Mestre. A princípio, naquela manhã, Madalena não O reconheceu porque estava imersa na amargura e na tristeza, relembrando a Paixão de Jesus, que ela acompanhara de perto. Ela O vira andando pelas ruas, açoitado por chicotes de pontas cortantes. Assistira ao Mestre, que só pregara amor e bondade, ser empurrado e levar cusparadas dos soldados. Por fim, ela O vira morrer em uma cruz. Eram lembranças muito recentes, que dominavam sua mente e oprimiam seu coração.

Libertemo-nos todos pela linguagem do amor

Diante do Sepulcro, Nosso Senhor faz, então, a Maria Madalena uma pergunta, a mesma dos Anjos, cuja reprodução aqui me emociona fortemente: "Por que choras?"

Se pensarmos em tudo o que está acontecendo — com milhares de vítimas da Covid-19, certamente a humanidade está aos prantos —, veremos que o Senhor volta a perguntar para todos nós: "Por que choram?"

Em sua pequenez, que não é diferente da nossa, Maria Madalena respondeu sem pensar, talvez para livrar-se daquele aperto em seu coração: "Senhor, se foste tu que o levaste, diga-me onde o colocou e irei buscá-lo." Por trás das lágrimas, pensou que Cristo era o hortelão! A sua era uma reação humana que provavelmente eu, que sofro de ansiedade, também manifestaria naquele momento.

Jesus, no entanto, tinha um jeito particular e único de pronunciar o nome de cada um de seus discípulos, e bastou que a chamasse pelo nome "Maria" para ela reconhecer aquela voz amorosa e enxergar. Sim, o amor abre os olhos, seca as lágrimas, desperta a fé. O amor tira a pessoa do poço da tristeza, revela uma nova perspectiva, alarga os horizontes. O amor traz alegria e esperança.

Não sabemos se o Senhor pronunciou o nome de Maria de forma cadenciada, doce ou severa, mas não importa. Ele utilizou a linguagem do amor, a mesma da qual o mundo necessita hoje. É essa a linguagem que nos abre para a vida e nos permite transpor todos os abismos.

A humanidade está sofrendo e precisa dessa linguagem para reencontrar Deus. Não por coincidência, o Papa Francisco tem insistido em que a Igreja tem de ser a propagadora desse idioma. A linguagem do amor pode curar o mundo!

Da parte de Maria Madalena, veio a resposta imediata: "*Raboni!*" Então, aquela mulher que estava inconformada e chorava saiu anunciando: "Vi o Senhor!" Que nós, pela linguagem do amor, também O encontremos e possamos superar todas as tristezas, dizendo pela vida afora o mesmo que disse Madalena.

Voltemo-nos para a luz do Jesus vivo

O segundo texto que enfatizo narra o caso dos chamados "discípulos de Emaús" (cf. Lc 24, 13-34). Registra algo que se deu no próprio dia da ressurreição — a reação de dois discípulos, um chamado Cléofas e o outro anônimo. Cabe aqui lembrar que a não citação de um nome no Evangelho nos convida a nos colocar no lugar daquele personagem.

Ainda sem saber da ressurreição, vemos os dois discípulos perdendo a fé em Jesus Cristo e percorrendo 11 quilômetros de volta para casa. São descritos como "cegos", indicando que estavam confusos por não terem a compreensão dos fatos e não vislumbrarem nenhuma clareira.

A meu ver, nós nos encontramos exatamente nesse estado ao viver sem visão sobrenatural os fatos recentes da nossa história. Está tudo muito nebuloso, mesmo com a chegada das vacinas. De fato, ao experimentarmos esse tipo de cegueira parecida com a dos dois discípulos, passamos a ser guiados pelo medo. Amedrontados, nós nos questionamos a todo momento: "Conseguiremos superar tantos estragos e retomar a nossa vida?"

Jesus apareceu e caminhou com os discípulos de Emaús, que, porém, não O identificaram. O ressuscitado lhes falava das promessas do Antigo Testamento. Quando chegaram a seu destino, Cléofas e seu companheiro O convidaram para entrar em sua casa, e foram imediatamente atendidos. O Senhor entrou, rezou com eles e, ao partir o pão, a luz se fez: os olhos deles se abriram e O reconheceram. A partir daí, aqueles dois homens, que se locomoviam cabisbaixos, cansados e com medo, voltaram imediatamente a Jerusalém, cheios de entusiasmo e coragem, pois experimentaram a presença de Jesus Ressuscitado. Foram então ao encontro dos demais e relataram tudo o que havia acontecido.

Dessa segunda passagem, podemos depreender que sempre existe um caminho, uma luz no fim do túnel. Nossa segurança está em acreditar que Deus não nos abandona e é fiel a todas as suas promessas. Todas! Jesus está vivo, ressurrecto, e não está assistindo a esta pandemia e a todos os seus desdobramentos de camarote. Deus sofre pela nossa dor e sente o gemido do povo. Por isso, existe uma luz quando nós nos voltamos para Jesus vivo e verdadeiro e pedimos: "Senhor, vem caminhar conosco!"

Se olharmos para o mundo de hoje e para tantas fatalidades, podemos nos sentir derrotados. Todavia, o discernimento que emana da luz do Senhor também nos faz enxergar para além de tudo o que se passa, a fim de que vejamos uma oportunidade de transformação do mundo em um lugar melhor.

O mundo e as relações humanas precisam mudar, mas isso não é tão simples. Só a luz de Deus é capaz de fazer a humanidade compreender essa necessidade. Enquanto houver corrupção, mentira, pecado, não haverá luz. Trevas sempre serão trevas. Tudo será derrota se não abrirmos espaço para a luminosidade divina.

É dessa luz que estamos precisando — não, porém, para visualizar as catástrofes que estão ocorrendo, mas para entender exatamente que nossa fé e nossa esperança estão no Senhor. Por Jesus alcançamos a fé em Deus, conforme atesta São Pedro: "Deus o ressuscitou dos mortos e lhe deu a glória, e, assim, a vossa fé e esperança estão em Deus" (1Pd 1, 21).

Isolados ou não, deixemos as portas abertas para o Senhor

Voltando ao exemplo dos discípulos de Emaús, se todos nós, em nossa vida pessoal, pedirmos com fervor a presença de Deus — "Senhor, entra na minha casa, no meu relacionamento familiar" —, Ele aceitará o convite e, por vezes discretamente, realizará a transformação. O mesmo que fez na vida dos dois discípulos de Emaús, fará também na nossa.

Por isso, precisamos colocar nossa vida interior em xeque. Muitas vezes, pedimos que o Senhor fique conosco, mas depois viramos as costas para Ele. Então, vale refletir: a pandemia veio e está causando um grande estrago, sem dúvida, mas será que não é hora de também reconhecermos os nossos pecados? Refiro-me a sentimentos e atitudes praticadas deliberadamente e sem censura, como ganância, egoísmo, ingratidão, injustiça e ausência de gestos de caridade. Refiro-me, em suma, à nossa falta de amor.

Será que não é hora de a humanidade reconhecer-se, no plano criador, como criatura, isto é, como montinhos de barro dependentes e necessitados de Deus? Creio que é hora de dizer:

> Pecamos, Senhor!
> Erramos, Senhor!
> Fraquejamos na fé, Senhor!
> Não soubemos administrar os bens que nos confiastes.
> Não soubemos cuidar do planeta que nos destes como nossa casa comum.

Ao acreditarmos que Jesus é a luz que nos guia no começo, no meio e no fim do túnel, vamos atravessá-lo renovados. A cura da Covid-19 não é toda a solução. A cura do ser humano tem de ser maior.

A catástrofe na qual os discípulos de Emaús se encontravam foi ressignificada em vitória pelo Senhor. Nós também vamos, pela ação do Espírito Santo, ressignificar tudo isso que estamos vivendo. Mas, para tanto, não basta viver: é preciso abrir o coração.

Por isso, clamemos ao Espírito Santo para que renove a face da Terra; a Nossa Senhora, para que nos conduza; e ao Senhor, para que venha a consumar esse propósito. Peçamos:

> Fica conosco, Senhor!
> Derrama sobre nós Teu Espírito Santo!
> Dá-nos outra compreensão da história,
> a fim de sermos novas criaturas,
> transformadas e renovadas.

Para rezar
Salmo 57

R.: Vós sois, ó Senhor, meu abrigo e aconchego!
Piedade, Senhor, piedade,
pois em Vós se abriga a minh'alma!
De Vossas asas, à sombra, me achego,
até que passe a tormenta, Senhor!

Lanço um grito ao Senhor Deus Altíssimo,
a este Deus que me dá todo o bem.
Que me envie do céu Sua ajuda
e confunda os meus opressores!
Deus, me envie Sua graça e verdade!

Meu coração está pronto, meu Deus,
está pronto o meu coração!
Vou cantar e tocar para Vós:
desperta, minh'alma, desperta!

Vou louvar-Vos, Senhor, entre os povos,
dar-Vos graças, por entre as nações!
Vosso amor é mais alto que os céus,
mais que as nuvens, a Vossa verdade!

Oração

Senhor Jesus das Santas Chagas,
Senhor da Luz e dador da vida.
Protegei-nos da fome, das guerras e das pandemias,
Defendei-nos do mal e do Inimigo da nossa alma.
Afastai de nossas famílias e da sociedade toda forma de
   desânimo e desesperança.
Livrai-nos do fechamento e do egoísmo.
Ensinai-nos a cuidar das pessoas machucadas e
   esquecidas,
Das tristes e excluídas, das doentes e angustiadas.
Ajudai-nos a construir um mundo novo, de
   solidariedade e justiça.
Dai-nos consciência e responsabilidade na
   preservação
Do nosso planeta, nossa casa comum.
Concedei-nos, Senhor, que sejamos instrumentos do
   Vosso amor
E dá-nos a Vossa paz.
Amém.

CONCLUSÃO

Vivemos um momento de grande incerteza e preocupação, no qual muitas são as perguntas ainda sem resposta. Como ficará o mundo no futuro? Porventura nos tornaremos pessoas melhores, capazes de construir uma sociedade mais justa e fraterna?

Não resta dúvida de que já houve e ainda haverá muitas mudanças no Brasil e no mundo. Afinal, a história é categórica em nos mostrar que, após grandes catástrofes, transformações de igual proporção também ocorrem.

A princípio, o cenário parecia favorável nesse sentido. Os noticiários eram unânimes em nos mostrar gestos de empatia, solidariedade e esperança. Certamente, ficou gravado na memória de todos o exemplo inédito de união das pessoas cantando em uníssono em suas sacadas, ou aplaudindo o trabalho dos profissionais de saúde. A respeito do meio ambiente, também surgiram dados positivos — por exemplo, quanto à qualidade do ar nas grandes cidades, chegando-se ao ponto de avistarmos paisagens antes encobertas pela névoa de poluição. Nesse contexto, todos nos animamos e acreditamos que a mudança aconteceria. O tempo, porém, passou, e também nos deparamos com práticas irresponsáveis, como aglomerações que deveriam ser evitadas, festas clandestinas, praias cheias, além da guerra de egos e das disputas políticas em torno da tão necessária difusão de vacinas.

Como escreveu o papa na carta encíclica *Fratelli tutti*: "A questão é a fragilidade humana, a tendência humana constante para o egoísmo, que faz parte daquilo que a tradição cristã chama 'concupiscência': a inclinação do ser humano a fechar-se na imanência do próprio eu, do seu grupo, dos seus interesses mesquinhos. Esta concupiscência não é um defeito do nosso tempo; existe desde que o homem é homem, limitando-se simplesmente a se transformar, adquirir modalidades diferentes no decorrer dos séculos, utilizando os instrumentos que o momento histórico coloca à sua disposição. Mas é possível dominá-la com a ajuda de Deus."

Certamente, muitos dos "novos costumes" deverão se tornar permanentes, como os hábitos de higiene. Por exemplo, tirar os sapatos antes de entrar em casa, um cuidado antigo que já havia caído em desuso (lembro-me de que, quando era criança, isso era obrigatório ao chegarmos da rua). O mesmo vale para o hábito de lavar as mãos constantemente ou desinfetá-las com álcool em gel, item difundido desde a pandemia de H1N1. Essas são práticas imprescindíveis que fazem parte do nosso dia a dia e assim permanecerão. Até mesmo o uso das máscaras tende a ser incorporado à nossa cultura da mesma maneira como o foi entre os povos orientais, os quais assim agem de forma corriqueira quando estão resfriados, a fim de proteger os que estão à sua volta.

A educação a distância, que já era uma modalidade praticada nos cursos superiores e de pós-graduação, abriu novas possibilidades. O trabalho remoto, por sua vez, ganhou adeptos e deve continuar em crescimento, pois reduz gastos e atende a todas as demandas. Ainda no campo profissional, os recursos digitais têm alavancado muitos negócios, como é o caso do oferecimento de produtos e serviços por meio das chamadas lojas virtuais.

De todas as lições e consequências da pandemia da Covid-19, a maior e mais importante diz respeito ao reconhecimento das nossas limitações. Sim, porque caíram por terra todas as pretensões humanas de autossuficiência. Precisamos uns dos outros, pois estamos todos no mesmo barco.

E, acima de tudo, precisamos de Deus. Sem Ele, nada somos. Ninguém é e nunca será autossuficiente. Por isso, rezemos como o salmista: "Eu sou pobre e necessitado, mas tu, Senhor, cuidas de mim. Tu és a minha ajuda e o meu libertador; não te demores em me socorrer, ó meu Deus!" (Sl 40, 17).

Todo mundo quer viver em um mundo melhor, mas nem todos estão dispostos a transformar a si próprios para melhorar o mundo.

Essa pandemia vai passar, mas não será a última vicissitude da história. Portanto, não podemos voltar a fazer as mesmas coisas, e do mesmo jeito. O que chamamos de "normalidade" é a "canoa furada" que nos trouxe até aqui; portanto, seria um retrocesso simplesmente voltarmos a viver como antes.

O que nos espera no mundo pós-pandemia não é senão o resultado daquilo que estamos construindo hoje. Basta olhar à nossa volta para perceber que o planeta está dando sinais de exaustão. Muitos são os alertas que a humanidade finge não ver, ou que simplesmente ignora.

Em 1971, por ocasião do octogésimo aniversário da encíclica *Rerum novarum*, o Papa São Paulo VI escreveu a carta apostólica *Octogesima adveniens*, na qual se referiu ao problema do meio ambiente: "À medida que o horizonte do homem assim se modifica, a partir das imagens que se selecionam para ele, uma outra transformação começa a fazer-se sentir, consequência tão dramática quanto inesperada da atividade humana. De um momento para outro, o homem toma consciência dela: por motivo da exploração inconsiderada da natureza, começa a correr o risco de destruí-la e de vir a ser, também ele, vítima dessa degradação. Não só já o ambiente material se torna uma ameaça permanente, com poluição e lixo, novas doenças, poder destruidor absoluto; é mesmo o quadro humano que o homem não consegue dominar, criando assim, para o dia de amanhã, um ambiente global que poderá tornar-se-lhe insuportável. Problema social de envergadura, este, que diz respeito à inteira família humana."

Isso foi escrito há cinquenta anos! Profético, não é mesmo?

Já na carta encíclica *Laudato si'*, de 2015, sobre os cuidados com nossa casa comum, a Terra, o Papa Francisco recorda esse alerta e acrescenta os trechos de um discurso do mesmo santo, ressaltando a possibilidade de uma "catástrofe ecológica sob o efeito da explosão da civilização industrial". Sublinha a "necessidade urgente duma mudança radical no comportamento da humanidade", porque "os progressos científicos mais extraordinários, as invenções técnicas mais assombrosas, o desenvolvimento econômico mais prodigioso, se não estiverem unidos a um progresso social e moral, voltam-se necessariamente contra o homem".

Igualmente profético!

Em síntese, o mundo não suporta mais o crescimento desenfreado e a exploração sem nenhum critério dos recursos naturais, sem falar nas desigualdades sociais que se aprofundam e ficam evidentes até mesmo na distribuição não equitativa de vacinas entre os países. É preciso que haja conscientização, assim como interesse político, social e individual no desenvolvimento de ações compromissadas com a sustentabilidade, o equilíbrio do nosso ecossistema, a caridade e o bem comum.

Ao fim e ao cabo, temos dois caminhos: permanecer como estávamos ou partir para a transformação.

Perceba que, ao tratar dessa transformação, refiro-me a um tipo de passagem ou movimento. Ou seja, temos de ir em direção a ela, o que implica *fazer a nossa parte*. Deus sempre nos ajuda, mas não podemos ficar de braços cruzados, esperando as coisas acontecerem. Mesmo a maioria dos milagres que Jesus realizou sempre exigiu alguma ação do contemplado: "Vai lavar-se na piscina de Silóe" (Jo 9, 7); "Lancem as redes" (Lc 5, 4); "Levante-se, pegue a sua cama e ande" (Jo 5,11).

Como já ressaltei, apesar de doloroso e assustador, esse período de pandemia pode ser ressignificado em uma experiência transformadora, da qual sairemos mais amadurecidos e fortes.

E, nisso, lembro que a espiritualidade se apresenta como um meio para sairmos dessa crise melhores e construirmos não simplesmente um "novo normal", mas uma nova realidade em Deus, repleta de amor e empatia.

REFERÊNCIAS BIBLIOGRÁFICAS

Bíblia de Jerusalém. São Paulo: Paulus, 2002.

Bíblia Sagrada: nova tradução na linguagem de hoje. São Paulo: Paulinas, 2011.

Catecismo da Igreja Católica: edição típica vaticana. São Paulo: Edições Loyola, 1999.

Concílio Vaticano II. Constituição pastoral *Gaudium et spes*, 7 de dezembro de 1965.

Eliade, Mircea. *O sagrado e o profano*. São Paulo: Martins Fontes, 1992.

Francisco. Carta encíclica *Fratelli tutti*, 3 de outubro de 2020.

Francisco. Carta encíclica *Laudato si'*, 24 de maio de 2015.

Manzotti, Pe. Reginaldo. *Batalha espiritual: entre anjos e demônios*. Rio de Janeiro: Petra, 2017.

Manzotti, Pe. Reginaldo. *Combate espiritual: no dia a dia*. Rio de Janeiro: Petra, 2018.

Mesters, Carlos. *Abraão e Sara*. Petrópolis: Vozes, 1989.

Missal romano, 2ª edição própria para o Brasil. Rio de Janeiro: Paulus, 1992.

Oração das Horas. Rio de Janeiro: Vozes; Paulinas; Paulus; Ave-Maria, 2000.

Paulo VI. Carta apostólica *Octogesima adveniens*, 14 de maio de 1971.

São Tomás de Aquino. *Suma teológica*, 5 vols. Campinas: Ecclesiae, 2016.

DIREÇÃO EDITORIAL
Daniele Cajueiro

EDITOR RESPONSÁVEL
Hugo Langone

EDIÇÃO DE TEXTO
Marco Polo Henriques
Cleusa do Pilar Marino Siero

PRODUÇÃO EDITORIAL
Adriana Torres
Mariana Bard
Mariana Oliveira

REVISÃO
Daiane Cardoso
Thais Entriel

DIAGRAMAÇÃO
DTPhoenix Editorial

Este livro foi impresso em 2021
para a Petra.